森 博嗣

作家の収支

GS
幻冬舎新書
401

JN147808

まえがき

森博嗣って誰？

僕は38歳のとき（１９９６年）に小説家になった。小説を書いたのは、その前年（１９９５年）の夏休みだった。「夏休み」などといえるのは、僕が国立大学の教官だったからである。デビューして今年で19年になるが、その間に、２８０冊ほどの本を出版した。だから、職業は小説家といえると思う（たぶん、認めてもらえると思う）。今ではほぼ引退しているようなものだけれど、しかし、執筆はしているし、本も出ている。まだ、どうにか小説家といえるだろう。

森博嗣という作家は、平均的な日本の小説家ではない、と多くの人が認識しているらしい。この頃は、みんなが呟《つぶや》いたこと、こっそり日記に書いたことが、簡単に読めてしまうから、そういった大勢の気持ちみたいなものが伝わってくる。それらを知ることは、ビジネスには重要不可欠だから、日々観察している。

ただ、僕自身は、自分が特異な作家かどうかよくわからない。何故なら、僕以外の小説家のことをあまりよく知らないからだ。僕は小説を読む趣味がない。もちろん、小説を書くことを趣味にしたことも過去に一度もない。遊びで書いたことが一度もない、といっても良い。練習で書いたこともない。最初の一作から、仕事（バイトくらいの感じだったが）にするつもりで書いたのだ。そして、それを出版社へ送ったところ、幸運にもあっさりと作家になれた。

周囲には黙っていた。でも、しだいに知れ渡った。誰もが、まさか小説を書くとは、と驚いた。そんな気配は微塵《みじん》もなかったからだろう。

さて、森博嗣が世間でどう認識されているか、どうして僕が特異な作家か、といった点を箇条書きにしてみた。〈　〉の中に書いたのは、僕の個人的意見である。

①もともと大学の工学部の助教授だった。理系の研究者である。〈小説家としては珍しいらしい。でも、森鷗外《もりおうがい》なども理系作家である〉

②国語が全科目の中で最も嫌いで、不得意だった。〈子供のときから、小説家になりたいと思ったことはない。まさか、こんなふうになるとは思いもしなかった〉
③小説をほとんど読まない。最近は年に2、3冊である。〈若い頃には、文字を読む練習として今よりは多数読んでいた。ただ、読んだ小説はほとんど翻訳ものである〉
④30代後半になって、初めて書いた小説を投稿して、作家となった。〈趣味のためにお小遣いが必要になって、夜にできるバイトとして小説を選んだ〉
⑤デビュー後10年間は、大学の勤務も続けていた。〈小説は夜に書いたので、大学の仕事に影響はなかった〉
⑥金儲けのために小説を書いている、と最初から公言している。〈根が正直なだけである〉
⑦デビュー後すぐにブログを始め、それが23冊の本になっている。〈ネットが面白かった時代だったため。今はもうすっかりつまらなくなった〉
⑧ファンクラブ（会員約1万5000人）もネット上で活動している。〈ファンクラ

ブがこんなに誠実な組織だとは思わなかった。感心するばかりである〉
⑨サインというものをしない。〈手で字を書かないので〉
⑩〆切に遅れたことはない。ただし、3カ月以内に〆切がある仕事は断る。〈時間を守るのは社会人として最低限のマナー。どんな仕事でも、3カ月くらいは考えたい〉

一言でいうと、どうやら「偏屈者《へんくつもの》」と見なされているみたいだ。そういう声が毎日ひしひしと押し寄せる（表現が変かな）。けれども、僕にしてみれば、これが普通なのだ。みんな（平均的な出版界の人々や読者たち）の方が変わっていると思っているので、これはお互い様だろう。

作家って儲かるの？

さて、5年まえ（2010年）に、『小説家という職業』（集英社）という本を出した。そこでは、僕自身が作家になった経緯と、小説家志願の人がどうすれば小説家になれるのか、それから出版社の旧態依然とした姿勢、さらに、小説という職業の将来性などについて思うところを書いた。

小説家になりたい、どうすれば小説家になれますか、というメールを沢山いただく。また、僕は読んだことがないけれど、小説家になるためのハウツー本が多数出ているようだ。需要がある、ということになる。実のところ、「方法」などという一般的なものは存在しないので、しかたなくどんな仕事なのか、どんな気構えで臨めば良いのか、という点について書いたつもりだ。

もう一つ、小説家志望の人から受ける質問の中には、どれくらい儲かるのか、という切実な疑問がある。たとえば、新人賞などを取れば、いくらの賞金がもらえるのか、ということがわかっているが、その後は何でどれくらい稼げるのか、その具体的な金額は思いのほか明らかにされていない。

「金の話は汚い」という文化が日本には昔からある。金のために働くのではない、自分の技を磨くため、人様の喜ぶ顔が見られればそれで満足だ、といった美しい精神がかつてはあった（ように見えるだけだが）。しかし、この情報公開の時代においては、そんなわけにもいかないだろう。あちらこちらから散発的に漏れ聞こえてくる情報はあるものの、肝心の数字がなかったり、あっても伝聞で書かれていたりするものがほとんどで、本当にそうなのかはっきりとしない。それに、作家の収入について網羅的《もうらてき》に書かれているものは皆無といえるだろう。

僕自身は、金のことを書くのは恥ずかしいことでも汚いことでもない、と考えている。しかし、どちらかといえば、格好の良いことではない。黙っている方が文化的にも美しいだろう、と理解している。ただ、誰も書かないのならば、知りたい人のために語るのは、職業作家としての「仕事」だと思った。「使命」と書かないのは、正直だからである。

自慢とは何か?

さて、蛇足《だそく》ではあるが、自慢という行為についてここで言及しておきたい。何故なら、たとえば「1億円儲けた」と書くと、それを「自慢」だと受け止める人がいるだろうし、また、「自慢はみっともないことだ」というこれまた古い日本の文化があるからだ。べつに、そう受け取ってもらっても一向にかまわない。そもそも、物書きというのは、みっともないことを書いて、これを売り物にしている商売である。ただ、自分なりの解釈としてここにいちおうの弁解をしておく。

僕は、自分で成し遂げたことを情報として正直に伝えることは自慢だとは認識していない。たとえば、テストで100点を取ったら、「テストで100点を取りました」と言う。それは自慢ではない。単なる客観的報告である。しかし、自分が成し遂げたのでないことは、あまり言わない方が良い。たとえば、「息子が東大に受かった」は、少し自慢っぽい。これは、東大に受かるために勉強したのが本人ではないからだ。同様に、家族のこと、郷里のこと、自国のことも、なるべく誇らしげに言わない方が格好が良いだろう。

「100点を取った」だけならば自慢ではないが、そのあと「凄《すご》いでしょう?」とつけ加えると自慢になる。これは、客観的事実ではなく、自分の満足を語ろうとしていて、他者の共感を誘おうとしている。確実に格好悪いと思う。100点を取ったことが、自分にとって凄いことなのか、普通なのか、あるいは馬鹿馬鹿しいことか、という感情は、事実とは切り離すべきなのだ。

本書の内容は?

この本に、これから客観的事実を書く。それらを僕自身がどう評価しているかは、なるべく書かないつもりだが、トータルとして、特に、それで満足しているわけでもなく、また不満を持っているのでもない。仕事をして、その報酬を得たというだけのことである。幸運に恵まれたのか、それとも労力に見合った結果なのかも評価をするつもりは全然ない。そんな評価をする必要がそもそも僕にはないので、余計なことに頭を使いたくないのである。

そんなわけなので、この本をこれから読む人も、凄いなぁ、良いなぁ、羨ましいなぁと思う必要はない。そういった感情よりも大事なことは、自分にもこれくらいのことができるのではないか、これは自分には少し無理かもしれない、という自己観測だ。人生設計のための有益なデータとして取り入れてもらいたい。この本の存在意義は、そこにある。

本書の内容は、小説家という仕事をする個人が、どのように、そしてどれくらいの収入を得ているのか、というデータである。しかし、統計的な資料ではない。そういったものは、調査をしてもわからない。どんな数字も本当かどうか疑わしい。調査のし方によるし、調べる範囲によるし、また、調査をする人の意向によって、いかようにも捩じ曲げられる可能性もある。

ここでは、そんな面倒なことはしない。ただ、一人の作家の経済活動を概説するだけである。金額は、パソコンに記録が残っている一部を除いて、きちんとは書かない。覚えているだいたいの数字である。ただ、僕は、人名や地名などの固有名詞は記憶できないが、数字は非常によく覚えている。自分が購入した趣味の模型など、いくらで買ったかすべて即答できる。だいたいの数字、と書いたが、誤差は10％以内だと思ってもらって問題ない。

一人の人間が、パソコンに向かって文字を打つ。文章を書く。それだけの活動によって作品が生み出される。グループで協力し合うような仕事が多いなか、小説家だけは、ただ一人で作品を生み出す。その仕事によって、どれくらいの金額を稼ぐことができるのか、ということが、この本の内容である。

作家の収支／目次

第2章　その他の雑収入　97

第4章 これからの出版 173

あとがき

第1章 原稿料と印税

文章はいくらで売れるか?

作家は、書いた文章を売って報酬を得る。これは、ものを作って売っているのであって、ほとんどの仕事の基本的なシステムである。けれど、作家が特異なのは、自分ただ一人の労働によって作業のほとんどが完結している点である。近い職業といえば、工芸品などを作る職人に似ている。それでも、ほとんどの仕事では、材料をどこかから買ったりしなければならないし、別の工程を担う他業種が絡《から》む。つまり、協力者が必要である場合がほとんどだ。作家は、そういった他者との関わりが極端に少ない。ほとんど自分一人で作品をゼロから制作することになる。書き上がった作品は、その時点で価値を持つ完成品だ。

文章を書いたら、これを売るわけだが、この商品を買ってくれるのは出版社である。ここからは、作業に多数の人が絡む。編集、印刷、販売と流れていく。編集の段階でも作家の仕事はあるものの、しかし、この段階は明らかに別の作業と捉えることができるだろう。やはり、文章が書き上がった時点で、作品は完成している。出版社での作業は、それが書籍として最終的な商品になる段階といえる。

一般に、出版社から執筆の依頼が来る。作家の方から、こんなものを書きましたけれど、と売り込むこともあるらしい。僕自身は一度もないが、そういったことも少なくないと聞いている。また、作家として知られていない人ならば、最初は当然ながら出版社へ作品を売り込まなければならない。それは「投稿」と呼ばれる手法であるが、この場合も普通は出版社の方から、〇〇賞、新人賞といった具合に規定を設けて公募している。そうではない場合は、「投稿」ではなく「持込み」などと呼ばれている。郵送しても、「持込み」と呼ぶようだ。

さて、肝心の料金だが、雑誌などに文章が掲載された場合、「原稿料」と呼ばれるものがいただける。そして、この原稿料は、それぞれの掲載媒体によって一定の額が決まっているので、作品の出来不出来で高くなったり安くなったりしない。これは、実に不思議なことだと僕は感じるが、おそらく、作品の出来不出来など誰にも評価ができないというのが理由だろう。しかし、人気作家と新人作家の区別くらいあっても良さそうだし、せめて「松」「竹」「梅」くらいの公開されたランク付けはあっても良いように思える（実際には、細かくランク付けされて原稿料が支払われているらしい。僕が知っている範囲でも、大学卒か否かでイラストレータに支払う原稿料が違う出版社があったし、過去の貢献度で原稿料の等級を決めているところもあった）。

文章量の単位は原稿用紙

それから、これも不思議なことだが、原稿料は、一般に文章の長さに比例していて、しかもその「長さ」は原稿用紙で何枚か、という非常に古式ゆかしい尺度によって規定されている。

今時、原稿用紙に文章を書く人は珍しいだろう。僕が世間知らずなのかもしれないが、少なくとも僕はそう認識している。僕自身、小学校以来、原稿用紙を見たこともない。

そもそも文字をペンで書くこともない（30年もまえからだ）。そうなると、原稿用紙で何枚なのかはわからない。ワープロの設定を1行20文字にして行数を測り、20行で原稿用紙1枚、という変換をすれば計算できるが、そんな面倒なことはしたことがない。

だいたい、1行が20文字なんて少なすぎて読みにくい。普通の文庫などでは、だいたいこの倍くらいの文字数が1行に入る。1行20文字にしているのは、人間が文字を手を使って書くときのマスの大きさに起因しているのである。

そういうわけで、自分が書いた作品が原稿用紙で何枚分だったかの計算は、編集部任せになる。口座に振り込まれた金額を見て、「ああ、このまえのあれは、○○枚だったのか」と判明するのである。

僕は、文章の量は文字数で測っている。ワープロにその機能があるので、書いているときにリアルタイムで文字数がカウントされ表示されている（ちなみに、現在はMacのPagesというワープロソフトですべての作品を書いている）。文字数であれば、改行のし方に影響を受けないので、執筆という労働にほぼ比例している。原稿用紙の枚数よりは近代的だと思うのだが、いかがだろうか？　残念ながら、今のところ文字数で原稿料を規定しているところは少ないようだ。ちなみに、原稿料算出のため、文字数から原稿用紙の枚数へ変換する場合は、３００〜３５０文字で1枚となる。

原稿用紙1枚でいくら?

小説雑誌などでは、原稿用紙1枚に対して、4000円〜6000円の原稿料がもらえる。たとえば、50枚の短編なり連載小説を書けば、20万円〜30万円が支払われるわけで、毎月これがコンスタントに書ければ、生活には充分な額になるだろう。なにしろ、作品を書くために必要な資材がいらないので、売り上げがすなわち所得になる(もちろん、パソコンなどを経費で落とせば、その差額になるが)。

ちなみに、漫画の原稿料は、普通1枚(1頁)で6000円〜1万5000円(編集者の話では、1枚5万円以上の漫画家もいるらしい)と聞いた。原稿用紙1枚に文字を書くのと、漫画1頁分の絵を描くのを想像してみてほしい、おそらく時間的に20倍以上は違うだろう(どちらも物語を考える時間は含まないで、執筆している時間だけを比較している)。漫画の場合は、1人では〆切までに仕上がらないため、アシスタントを雇わなければならないが、この場合、賃金を支払う必要がある。文章を扱う作家が、非常に効率が良いことがご理解いただけると思う。

原稿料でも、新聞などはもっと高い。そのかわり、文字数がかなり厳しく規定されていて、何文字書いても良いというわけにはいかない。雑誌などでも、原稿料が高いところがあって、文字数が規定され、1作で2万円とか5万円という具合に指定される。たいていの場合、小説ではなく短いエッセィの依頼だ。原稿用紙で計算すると、1枚で1万円以上になるところもある。

新聞の連載小説などは（地方紙、全国紙でさまざまだが）、1回分が5万円ほどで、これが毎日だから（休みの日があるのが一般的だが）、1年間連載をすれば、この連載だけで1800万円の年収になる。僕は経験がないので、これは伝聞であるが、やりませんかという話が来たことがあるので、確かな数字である（そのときは断ったので、実際にいただいたことはない）。

時給でいうといくら？

僕は、キーボードを叩いて文章を書く。1時間当りに換算すると6000文字を出力できる。これは、キーボードを打つ（僕の）指の運動能力の限界であって、僕はこれ以上速く打てない。小説の執筆は、僕の場合、頭の中の映像を見て、それを文章に写す作業である。その映像はほとんどリアルタイムで進行するから、ゆっくりと書き留めていては間に合わない。したがって、この数字よりも遅く打つことができないのである。

指が疲れるので、15分くらいで離脱し、映像の方に待ったをかける。だから1時間ぶっ続けで打てるわけではない（30分くらいが限界だろう）。途中で休む（というか、遊んでいるわけだが）ことになる。小説以外の、たとえば本書のようなエッセィの場合は、多少はゆっくり落ち着いて書くことが可能なので、時間当りの文字数はもう少し（2割程度）少なくなる。

6000文字というのは、原稿用紙にして約20枚なので、1枚5000円の原稿料だと、この執筆労働は、時給10万円になる。

ただし、書けば即完成原稿かというと、そうはいかない。手直しをする必要があるし、また印刷のまえにゲラ（校正用の試し刷り）のチェックもしなければならない。したがって、ほぼこの半分くらいになると考えてもらって良い。それでも、時給5万円というのは、数字だけ見れば、もちろんとても良い条件だと思われる。ただし、誰でもが、この条件で仕事ができるわけではない。まずは仕事の依頼が来なければならない。それは本書のテーマではない。「まえがき」に書いた別書を参照されたい。

1冊の本に収録されている長編小説は、原稿用紙で400枚〜600枚程度の場合が多い。つまり、その長編1作を雑誌に連載すると、だいたい200万円〜300万円の原稿料になる。したがって、小説雑誌などに掲載してもらえるのならば、長編を1年に1作書けば、最低限の生活には困らない収入が得られることになるだろう。

原稿料は何故一律なのか?

僕が知っているかぎりでは、原稿料は、小説でもエッセィでも同じである。内容には関わらない料金が設定されている。それどころか、前述のように、表向きは誰が書いたものであっても公平に同じ金額である。つまり、原稿用紙何枚かという長さだけで料金が決まっている。この平等意識というのは、ビジネスの目で見ると、非常に不可思議と言わざるをえない。どんな人気作家であっても、また駆け出しの新人であっても、また、その作品のファンがどれだけ待っていても、もの凄い傑作なのか、どうでも良いような駄作なのか、そういうことで原稿料が変わることはない仕組みになっている。

普通の製品ならば、手間のかかるものは値段が高い。質の良いものを作れば高く買ってもらえる。だから、作り手は技を磨き、自分が生み出すものの価値を上げようとする。仕事で得られる対価は、「励み」になるだろう。これが普通だ。

小説は製品ではない、芸術である、という反論があるかもしれないが、芸術こそ、値段の格差は大きいはずだ。普通の野菜と特別な栽培方法の野菜の差は数倍程度だが、画家の絵は、作者によって何万倍も違う。芸能人でもピンからキリまで、ギャラが大きく違うはずである。

もっとも、本の値段がそもそもほとんど厚さに比例している。人気作家であっても、本が高くなるわけではない。これは、音楽でも映画でも同様である。ようするにコピィされて大勢に配信されるものは、その一つの価格はほぼ同じであって、人気作家ならば大勢がそれを購入するから、そこで収入の差が表れる、という理屈になっている。

つまり、原稿料は、出版社の編集部が作家に支払うものであって、編集部はそれを出版して読者に提供するわけだが、この雑誌や単行本がやはり内容にかかわらず、ほぼ一定の価格になっているから、原稿料もそれに基づいて定まっているのだろう。本来ならば、原稿を依頼するときに契約の交渉があって、そこで原稿料が話し合いで決定するのがビジネスの基本であるが、そういった面倒なことを避けている結果だと思われる。作家の方も、忙しさが適度になるように依頼を受け入れるわけだが、もし、原稿料を倍にすると言われたら、少々忙しくても引き受ける、なんてことがあるのではないかと想像する。どうして、出版社がそういった積極的なビジネスを展開しないのか。僕は非常に不思議に感じている。

人気が出ると儲かる仕組み

さて、人気作家とかベストセラ作家などと呼ばれて、作品が「売れる」ことで得られる利益は、このように出版物の「量」によって生み出されるものだ。人気があるからといって、出版社は原稿料を上げてくれるわけではないし、読者だって、高い価格の本を買ってくれるのではなく、一人一人はだいたい同じ価格で本を購入している。ただ、大勢がそれを買うために大金になる。これが、「人気」というものであり、多くのビジネスがこれを求めている。この仕組みは、明らかに、人気によって作品の価格が高騰する画家や工芸家とは違っている。作品に多額の金を出せるのは、ある意味で、消費者の「質」の反映といえる。欲しい人が大勢いても、買えるのは金持ちだけになる。これに対して、小説家の人気は、あくまでも読者の「量」なのだ、ということか。

商品は、通常それを生産するために必要な原価よりも高い価格で売られる。それが作り手や売り手の利益となる。また、一般に大量に生産する方が、1つ当りの製造コストは安くなるため、多くを売れるものであれば利益率も上がる。小説の場合、作家はただ元となる作品を執筆するだけなので、大量生産をしているわけではない。大量生産をしているのは出版社だ。

作品が沢山売れることの利潤を作家に還元する仕組みが「印税」と呼ばれるものである。聞いたことがあるかと思う。「税」という文字がついているが税金ではない。著作権者に支払われる使用料（ロイアリティ）のことである。本来ならば、作品を生み出した作者に対して、それを受け取る読者が支払うのが筋だが、間に出版社が入り、出版社が著作権者の承諾を得てこれを利用して本を作るので、ここで、出版社が作者に支払うことになるのが印税だ。すなわち、これは、作者と出版社の間の契約で定められる。

「印税率」とは?

印税というのは、法律などで額（あるいは比率）が決まっているものではないらしい。普通の書籍の場合は、僕が聞いた範囲では、印税率は、本の価格の8％〜14％の範囲であり、僕自身が経験したのは、最低が10％で最高が14％だった。

芸能人などが本を書いた場合などで、印税率として比較的低い例があるようだけれど、それはゴーストライタがいたり、あるいは所属事務所との契約で利益の一部（大部分の場合もある）が事務所のものになっていたりする。また、ライトノベルなどで8％という噂を耳にしたこともあるが、それはきっとイラストレータの取り分が2％なのだろう。基本的には、10％が圧倒的に多い。

現在は、ほとんどの出版社が、書き下ろし（未発表の作品のこと）ならば12％、書き下ろしでないとき（文庫化や、雑誌に一度掲載されたものを書籍にする場合）は10％である。

印税率とは、本の価格に、印刷される部数を乗じた「売上げ」に対して作家が受け取る印税の割合のことだ。すなわち、1冊1000円の本を1万部印刷すると、1000円×1万部＝1000万円が売上げになるから、印税率が12％ならば、120万円が作家に支払われる。

「売上げ」と書いたが、通常は印刷された時点で、出版社は著作権を利用したわけだから、たとえその本が1冊も売れなくても、印税が作家に支払われる。この場合、印刷した本が倉庫で眠っていたら、出版社にとっては資産になり、税金もかかる。書店で売れないと、出版社に返本されるし、在庫を抱えることは出版社にはマイナスである。だから、売れそうな数字のぎりぎりを狙って印刷部数を決めることになる。

1冊も売れなくても印税はもらえる

売れてからではなく、印刷した時点で印税がもらえるのは、僕が小説家になって一番驚いた点だった。というのも、小説家になる以前にも、僕は何冊か本を書いて出版していたが、そのときは、売れた部数が出版社から定期的に報告があって、それに対して印税が支払われていた。僕が書いていたのは、大学などで使われる教科書や技術書の類《たぐい》だった。このような専門書では、そういう支払いシステムになっていることが多いようだ。一度印刷しても、売れるのに時間がかかるのが理由で、リスクを出版社が背負えないためだと思われる。

このように、印税の支払いシステムも法的に決まっているわけではなく、作家と出版社の契約に基づいている。ただし、だいたいの場合、その条件の交渉といった機会はなく、出版社が自社のルールを決めていて、それに従っている作家が多い。

出版社側から見ると、印刷した時点で全量の印税を支払う条件では、印刷した分がすべて（なるべく多く）売れてもらわないと困る。したがって、この作家でこの傾向の作品ならばこれくらいは売れるだろうと予想を立てて印刷する部数を決定している。この部数を決めるときには、作家には相談はない。出版社内の事情なのである。

「増刷」が嬉しい理由

もし印刷部数に比べて予想外に多く売れてしまったときは、再度印刷をすることになるが、これを「増刷」といって、つまり「増し刷り」である。最初に印刷されたものは、

「初版」とか「初刷」と呼ばれる。奥付には、だいたい「初刷」「第1刷」とある。たぶん、「版」というのは、昔の活版印刷から来たもので、今では、内容を新しくしたときに「版」を更新するのだろう。印刷を重ねただけの場合は、「刷」を使うのではないか。売行きが良くて増刷すると、本の奥付に「第2刷」「第3刷」などと記される。これが「第50刷」とあれば、50回も印刷を繰り返しているわけで、かなりの人気本であることがわかる。

商品が足りなければ増刷をすれば良いが、印刷して出荷するのに時間がかかり、書店で売切れ期間が長くなるとそれだけマーケットとしては損失になる。また、増刷をして細かく刻んで印刷・製本するよりも一気に大量に作った方が本1冊当りの製造コストは安くなる。こういった理由から売れるだろうというぎりぎりの数字を狙うことになるのである。

しかし、予想に反して本が売れない場合には、出版社は在庫を抱えることになる。僕はこの出版社の倉庫というものを実際に見たことがないが、ちょっと計算するだけで、もの凄い量になる。たとえば、1万部の文庫本を積み重ねたら、高さは200メートルになる。1作でこの量だから、すべての出版物の在庫を抱える場所がどれほどか、と想像してほしい。巨大なスペースが必要だし、出し入れするわけだから、管理も大変だろうし、なによりも多額の費用がかかる。

作家は印税がもらえるので、在庫がいくらあっても無関係だが、出版社にとっては損失である。なにしろ、在庫があっても値段を下げて売り出すことができない。最後は、在庫は処分されることになる。在庫は課税対象になるからだ。処分するくらいならば、新古書店などに安く出荷する方が良い気もするのだが、そういうことは、表向きにはできない（裏の事情は知らない）。

単行本と文庫

小説の場合、普通はまず単行本が出版される。単行本というのは、「ハードカバー」と呼ばれることが多く、その命名のとおり、表紙が固い。サイズが少し大きく、製本がしっかりしている。値段はたいてい1000円〜2500円くらいで比較的高い。大きくて重いから持ち歩くのも不便だ。ただ、書棚に並べて飾っておくには格好が良いし、紙の質が良いのか長持ちするようだ。

かつては、本は高価な品だった。1冊を大勢が替わる替わる読んだ。図書館なども、その当時の名残りといえる。このような使用法を想定しているのか、頑丈に作られているのが、単行本である。一方、小さくして製本も簡易にすることで値段を下げた普及版が文庫だ。この名称はいかがかと思われるが、もうすっかり根付いている。

僕は、小説家になる以前には、小説は全部文庫で出版されて、そのうち売れるものだけが、記念出版のような形で（たとえば、森鷗外全集みたいな感じで）単行本になっているのだと思っていた。書店へ行っても、文庫のコーナしか見なかった。

そうではない。まず単行本を出版し、その約3年後に人気のあるものが文庫になるのである。すべてが文庫になるわけではない。単行本の売行きが極端に悪いと文庫にならないこともあるそうだ。3年も経てば、既に単行本の売行きは限りなくゼロに近づいている。単行本のマーケットが終了したと判断が下せる、そのための3年間、というのが出版界の「慣習」らしい。

文庫になると、本の価格がずいぶん安くなる（それでも、昔よりはだいぶ高いけれど)。大雑把にいえば、半額になる。内容が同じなのに、値段が半額なのだ。だったら、多くの読者は文庫化を待っているだろう。持ち歩いて読むのにも、ベッドで寝転がって読むのにも適している。この文庫という形態は日本独特のものだが、海外でもペーパバックという安価バージョンがある。ただし、日本の文庫のように3年後に出るのではなく、最初からハードカバーとペーパバックが両方出ることが多いようだ。日本のマーケッティングは、「早く読みたい熱烈なファンならば高くても買ってくれるだろう」というもので、消費者の立場ではなく、売り手の利益追求に重心があるように見受けられる。

単行本と文庫の印税率

一般に、書き下ろしではなく、単行本になる以前に雑誌などで発表された作品では、単行本の印税は10%となる。一方、書き下ろしならば、単行本の印税は12%、文庫では10%になる。また、この頃よく見かけるようになった、最初から文庫で出るようなケースでは、文庫の印税が12%になる。

単行本は値段が高いが、部数がそれほど出ない。文庫ならば、安いから大勢の読者が手にしやすい。長く書店の棚に置かれ、長期的には部数が伸びることもある。単行本を出してもらって、最初に大金を受け取るか、あるいは、長く売れることを見越して最初から文庫にして、12%の印税をそちらでもらうか、どちらの方が作家が手にする印税は多くなるのか。これは、もちろん売れる部数による。計算をすれば簡単にわかることではあるけれど、おおまかに言うと、単行本の6倍以上文庫が売れる場合は、文庫書き下ろしとして、文庫で12%をもらった方が作家は最終的に得をする。ただ、過去に売れた部数はわかっても、これから売れる部数は、あくまでも予測の数でしかない。

『すべてがFになる』の売れ方

それでは、ここで具体的な一例として、僕が最初に上梓した『すべてがFになる』(講談社)という作品について数字を挙げてみよう(42ページの表－1)。この作品は、森博嗣のデビュー作であり、僕の本では一番販売期間が長い。実は、執筆としては処女作ではなく、4作めだった。ところが、当時の編集長がこの作品を最初に出すと決めたので、この順番になった。ちなみに、その編集長は、作品を読まずに(タイトルも聞かずに）その決断を下したのである。そういうちょっとオカルトっぽい人だった。

僕は、講談社ノベルスでデビューした。編集部では、ノベルス版と呼ばれる本を主に作っていた。これは、「新書版」とも呼ばれているもので、単行本でもないし文庫でもない。その中間に位置する版形の本である。したがって、最初はノベルス版で出版し、約3年後に文庫化された。文庫になったのちもノベルス版が（増刷して）出ているが、しだいに減って、いずれは文庫だけになる。

このときには、単行本（ハードカバー）を出していない。他社から単行本を出したときには、1年後か2年後にノベルス版を出してもらい、3年後に文庫版を出した。同じ作品で3度も新しい本を作るわけだから、作家にとっては良い条件だが、出版社にしてみれば効率が悪い。最近では、このノベルス版というのは、非常に減ってしまって、ほとんど滅びゆくようにも見える。

『すべてがFになる』は1996年の4月にノベルス版が発行された。僕は、賞を狙って投稿したのではなく、ただ、作品を書いたので適当な出版社へ送っただけだったが、「メフィスト賞」という賞が突如創設され、受賞第1号としてこの作品が出た。このあ

表-1　『すべてがFになる』の発行部数の推移

年	ノベルス(部)	文庫(部)
1996	61,000	
1997	30,000	
1998	23,000	60,000
1999	6,000	64,000
2000	3,000	25,000
2001	3,000	52,000
2002	1,500	34,000
2003	3,000	33,000
2004	2,000	17,000
2005	2,000	20,000
2006	3,600	24,000
2007	0	27,000
2008	1,500	35,000
2009	0	35,000
2010		17,000
2011		28,800
2012		8,500
2013		17,000
2014		142,000

写真-1　メフィスト賞のホームズ像

とも、メフィスト賞を受賞してデビューした作家が何十人も出ているのだが、メフィスト賞に応募しないで受賞したのは僕だけである。ちなみに、このメフィスト賞は、賞金がない。本になることが報酬である。いちおう、小さなホームズ像（前ページの写真－1）が贈呈されるが、これはロンドンにあるシャーロック・ホームズ博物館の土産物として10ポンドで売られているものだ（日本のビジネスマン風の男がまとめ買いしたせいなのか、最近少し値上がりしたそうだ）。

この作品は、ノベルスの初刷は1万8000部だった。発行は4月。その後9カ月の間に第6刷まで増刷され、初年に6万1000部になった。これは印税にすると約600万円になる。また、この作品以降、3カ月ごとに新作が発行された。『すべてがFになる』が発行されたときには第5作まで書き上がっていたので、連続出版となったわけである。

『すべてがFになる』の文庫版は、初刷が6万部だった。2年後の12月に出たので、初年はこの初刷だけであるが、翌年には第2刷～第5刷が増刷され、集計では2年めの方が部数が多くなっている。

版形の違いによる売れ方の差

一般に、増刷で刷る部数は初刷よりは少ない。小刻みに刷を重ねるのが普通だ。『すべてがFになる』では、ノベルス版が第24刷まで出て、累計13万9600部、文庫版が第60刷まで出ていて、累計63万9300部である。この集計は印刷書籍だけの数字であって、数年まえから流通し始め、急速に販売数が増えている電子書籍版は、ここには含まれていない。これについては、後述するつもりである。

僕の作品ではこの『F』(面倒なので以降こう略す)が一番発行部数が多いが、それでも、ノベルス版と文庫版の合計が約78万部で、100万部にほど遠い。森博嗣は、ミリオンセラの経験がない。ベストセラ作家などと呼ばれることはあるけれど、一度に大ヒットをしたことはない、というのが、この数字をご覧になればわかるだろう。

ノベルス版は、出版年が一番売れて、徐々に少なくなっているが、文庫版の方は、毎年コンスタントに出ている数字といえる。ちなみに、一番沢山売れたのは、昨年(2014年)の14万2000部で、これは、この作品がフジテレビで連続ドラマになったためのセールスである。

デビュー作に対する自己評価

この頃、森博嗣のプロフィールとして、「メフィスト賞を受賞してセンセーショナルにデビュー」とか、「衝撃を与えた」とか、「一世を風靡した」とか、なにか物々しい表現をされることがあるが、当時そういったことはなかったと思う。「理系ミステリィ」というのは、たしかに宣伝文句に使われた。だが、これはどちらかというとマニアックな響きがあって、一般の大多数の読者には敬遠されただろう。理系と聞いただけで手に取らない人の方が、この界隈には多いのである。

実際にも評判は芳しくなく、あちらこちらで散々に酷評された。「ミステリィに恋愛を持ち込んでいる」とか、「人間が描かれていない」とか、「専門用語が多くさっぱりわからない」といったものだ。したがって、ベストセラにもならなかったし、雑誌などでも大きく取り上げられていない。「このミステリィが凄い」と言われるようなこともなかった。

ただ、僕自身としては、「こんなマイナな作品なのに、意外に売れたな」という感想を持った。正直なところである。初版の1万8000部が売れ残らなければ良いが、と心配していたので、早々に増刷が決定したときには、「世の中にはオタクが意外に（僕が予想している以上に）多いのだな」という、仄かな手応えを感じた。

印税が実際に支払われるのは、出版社によって異なるが、発行日から1カ月〜3カ月ほどあとになる。出版社によっては、2回に分けて（たとえば、1カ月後と2カ月後に）支払うところもある。もちろん、僕の場合、これまでに支払いが遅れたということは一度もない。きちんといただいている。

『F』に関していえば、ノベルスで約1400万円、文庫で約4700万円の印税であり、この1作で、合計6000万円以上をいただいている。この作品は18万文字くらいだったので、執筆に30時間かかっている。ゲラ校正などを含むと、60時間ほどが制作時間になる（最初なので時間がかかった）。時給にすると100万円だ。ただし、すぐに得られるわけではない。20年かかってこれだけを稼ぎ出したのである（今後もまだもう少し稼ぐことになるだろう）。

増刷は不労所得？

増刷のときには、印刷後に見つかった誤植などを直しているが、僕は自分の書いた作品を発行後に読むことはない。誤植は、すべて読者からの指摘で判明する。そういった修正も最初数回の増刷でほぼ終わるので、その後はなにもしない。増刷の連絡を受けたら、そのデータをエクセルにインプットするだけだ。不謹慎な言い方だが、「不労所得」といえる。著作権というのは、それくらい長期間にわたって価値を保持する、ということである。もちろん、世間の大勢に受け入れられなければ（つまり本が売れなければ）増刷にもならないので話にならない。

ちなみに、この作品では印税率は最初から10％だった。書き下ろしが12％だと知ったのは、他社で初めて単行本を出したときだったが、ノベルスでは10％が慣例だったみたいだ。しかし、他社では書き下ろしが12％でしたが、いかがでしょう、と話し合いをして、ノベルスでも書き下ろしならば12％をいただくことになった。交渉したおかげといえる。こうした条件については、契約時の交渉が必要だけれど、デビューしたばかりの作家にできることではない。本にしてもらえるだけでありがたい、という気持ちが強いからだ。

初めてのハードカバー

その講談社以外で初めて出版したのは、新潮社の『そして二人だけになった』という作品で、これは3年後の1999年のことである。それまでは、ノベルスが最初に出ていたが、初めてハードカバー（単行本）で発売された。このときは初刷が2万部で、本の価格が2000円だったので、12％の印税で480万円をいただいた。しかも、出版から僅か1カ月半の間に増刷が5回かかって第6刷まで出た。部数の合計は4万6000部だったので、印税は1100万円以上になった。もし、印税率が10％だったら、200万円ほど安くなる。これは、雑誌などに掲載した原稿料にだいたい等しいので、これくらいの部数の場合、書き下ろしで2％高くなる、という計算がつり合うことになる。これ以上売れる人は、雑誌に掲載せずに書き下ろしの方が得だし、ここまで数字が伸びない人は、雑誌に掲載して原稿料をもらった方が得ということになる。

ちなみに『そして二人だけになった』は、2年後にノベルス版が出て、3年後に文庫

表-2　版別の累計部数の比較

版	部数
単行本	1,502,000
ノベルス	4,031,700
文庫	7,913,500
新書	452,500
絵本	123,000

版が出た。ノベルス版は、累計3万6000部で約370万円、文庫版は、累計10万7000部で約760万円を稼いだ。この1作で、現在までに、2230万円ほどの印税をいただいている。

各版の累計部数の比較

次に、単行本、ノベルス、文庫などの累計部数を示そう（表-2）。

これは、僕の本のうち、現在までの印刷書籍の集計である。「新書」というのは、小説ではなく、ビジネス書などに多い（表紙に絵のない）本である。やはり、文庫が圧倒的に多い。ノベルスも健闘しているが、これは、初期の頃のシリーズものが、単行本を出さず、ノベルスからスタートしているためだ。単行本は、価格が2倍であっても、トータルとしてはノベルスや文庫の売上げには及ばない。

印税率の根拠は？

さて、そもそも印税率10％というのはどういった根拠で決まった数字なのか。これについては僕は詳しくは知らない（調べたこともない）。ただ、ずっと昔、夏目漱石《なつめそうせき》の頃からこの比率だったと耳にした。昔は、活字を起こし印刷し製本するのに相当な手間や費用がかかったはずである。それに比べると、今はデジタル技術の進歩によって、短時間に大量の本を作ることが可能だ。したがって、昔よりは本を製作するための費用はかなり少なくなっているだろう。

本は、印刷をして、製本して、運搬をして、取次（問屋のようなところ）そして書店へと流通する。そのそれぞれの段階でコストがかかる。出版社も原稿を右から左へそのまま印刷所に渡すわけにはいかない。編集をする必要がある。フォーマットやカバーのデザインも必要だし、文章をチェックする「校閲」の手間もある。たとえば、カバーデザインだけでもイラストレータやデザイナに料金を支払わなければならない。それから、本が発売されることを宣伝するのにも費用が必要だ。これらは、作家ではなくすべて出版社が負担することになっている。

たとえば、1000円の本を1万部作ったとしよう。すべて売り上げれば1000万円になる。このうち、まず作家が印税として100万円を受け取る。おおよそだが、印刷などの製作費に300万円くらいかかる。この時点で既に出版社は400万円支出している。出荷をすれば、取次や書店にもマージンを取られるので、最終の価格が1冊1000円であっても、実際の出荷価格は700円程度になる。ということは、1万部を完売できたとしても、出版社が得るのは700万円。この場合、出版社の利益は300万円になる。もしも、印刷した部数の6割しか売れなかったとしたら、出版社としての売上げは420万円なので、利益はたったの20万円になってしまう。それよりもさらに売行きが悪ければ、出版社は赤字になる。

大半の本は赤字である

実は、多くの書籍が赤字だという。多くというのは、半分よりもずっと多い、大多数という意味だ。それなのに出版社は成り立っている（最近の出版不況で潰れるところも多いが）。これは、一部の売れる本が黒字を出しているからにほかならない。部数が多くなるほど、ヒット作になるほど、利益率は高くなる。僕の担当編集者の一人は、「増刷というのは、お札を刷っているみたいなものです」と話していた（1万部、2万部単位での大量増刷になると、まさしく1000円の本なら500円札を刷っているのと同じことになる）。増刷になるのは、初刷がすべて売れたか、売れる見込みがある本だ。すなわち、編集も終わっていて、印刷の版下（写真のネガみたいなもの）もあるので、安く作ることができる。出版社にしてみれば、労力がかからない。まるでお札を刷っているみたいな感覚になるのも頷ける。

作家としては、増刷は不労所得だと書いたが、それ以上に、「出版社に損をさせなかった」とほっとするのが増刷、ともいえる。なにしろ、これだけ稼がせてもらっているのは、出版社のおかげである。僕は特にそれを強く感じている。たまたま原稿を送ったら、運良く編集者の目に留まった。幸運としか言いようがない。相性の良い編集者に当ったわけである。したがって、なんとか彼らのビジネスにとって利益が生じるようにしたい、という気持ちが働く。

一方、不謹慎な物言いになるかもしれないが、読者に対しては、さほど責任を感じない。読者は僕の本を読んでつまらなければ、ほかにいくらでも選択肢がある。面白くない本に当っても、本1冊分の出費が損になるだけだからだ。しかも、古本屋や図書館で本を手に入れている読者も多いので、彼らに損をさせないように、という心配はあまりしないでも済む。僕は、「本を買って下さい」と言ったり書いたりしたことは一度もない。読者に対して望むことは、本の値段よりも多くの価値が貴方にとってありますように、ということだけである。これは、大部分は相性の問題なので、いかんともしがたいといえるだろう。

売行きに応じて印税率を変える？

印税率は、同じ本であれば、普通はずっと一定である。書き下ろしなら12％、そうでなければ10％のままだ。これが海外で出版されたときはそうではない。初刷と増刷で違う。最初が6％（翻訳されるため原作者は半分みたいだ）、増刷になったら7％、1万部を超えたら8％、といった契約が多い。日本でいうなら、それぞれ12％、14％、16％という数字になるだろうか。

最近、ある出版社から、それに近い条件を提示された。これから、日本もこのような変動印税率制になるのかもしれない（変動といっても、契約時に決定する数字であり、売行きで段階的に変わるという意味）。出版社にしてみれば、どれだけ売れるかわからないというリスクがある。初刷が一番経費がかかるので、印税率を低くしてもらいたい。もし増刷になれば、利益率が上がるので、部数の伸びに応じて、ある部数から印税を上げても良い。つまり、売れる作品に対するボーナスのような感覚で設定をするわけである。こうすれば、その報奨によって、作家が意気込み、良い作品を書いてくれるかもしれない、という効果も期待できる。

一方、作家側からすると、というか、あくまでも僕の個人的な感覚だが、最初の執筆が主たる労働であって、増刷になったときは不労所得なのだから、最初は印税率が高く、増刷になったら、印税率を下げても納得できる。このようにすれば、売れない作家に対する手当てにもなる（現在の単行本の高印税が近い役目を果たしている）。増刷で印税率を下げるのは、少なくとも、仕事の報酬として「労働に見合っている」というわけだ。だが、おそらく、小説の執筆を「労働」と捉える向きは、この世界では少数派だろう。

僕の感覚がマイナなのでしかたがない。

ミリオンセラとは?

少し話題が逸れた。

森博嗣という作家にとって、デビュー作の『すべてがFになる』が一番多くの印税を稼いだ本である。最初に出たので流通している時間が長いという有利さもあるが、それ以上に、僕の本を読んだ人が他者に森博嗣をすすめるときに「『F』から読むのが良い」とアドバイスすることが多いためだ。みんな、自分の経験と同じ経験を大勢にしてほしいと望んでいるようだ。僕自身は、たとえシリーズものであっても、どんな順番で読もうが、どこを飛ばし、どれをつまみ食いしようが、まったくかまわないと考えているのだが……。

さて、その一番売れている『F』であっても、さきほど書いたように100万部に届かない。世の中には、100万部を超えるミリオンセラはいくらでもある(ここ最近は滅多に出ないが)。ミリオンセラというのは、本が1000円だとしたら1億円以上の印税を稼ぐ作品のことだ。「ミリオンセラ」で検索すると、たとえば『窓ぎわのトットちゃん』（黒柳徹子《くろやなぎてつこ》著）は、750万部とあった。最近では、『バカの壁』（養老孟司《ようろうたけし》著）が400万部以上売れているらしい。小説になると少し数が少なくなるが、『ノルウェイの森』（村上春樹《むらかみはるき》著）が240万部くらいだそうだ。

本を読む人口がそれほど日本にいるのか、と僕などは不思議でならないが、みんなが読んでいるとつい読みたくなる人が多い、ということだと解釈できる。おそらく、これだけの数になると、本を買った人のうち半分以上が最後まで読めなかっただろうし、かなりの割合の人が買っただけで開いてもいないだろう。

マイナであっても稼げる？

日常的に本を読む人はそんなに多くはない。小説になると数十万人といわれているほど少ない（これはどんな統計なのか僕は知らない。単にあちらこちらで耳にする数字にすぎないが、大きく外れていないことは確かだ）。たとえば、さきほどの一番売れた『F』でも、20年かけて78万部程度なのだから、日本人のうち0・6％にすぎない。つ

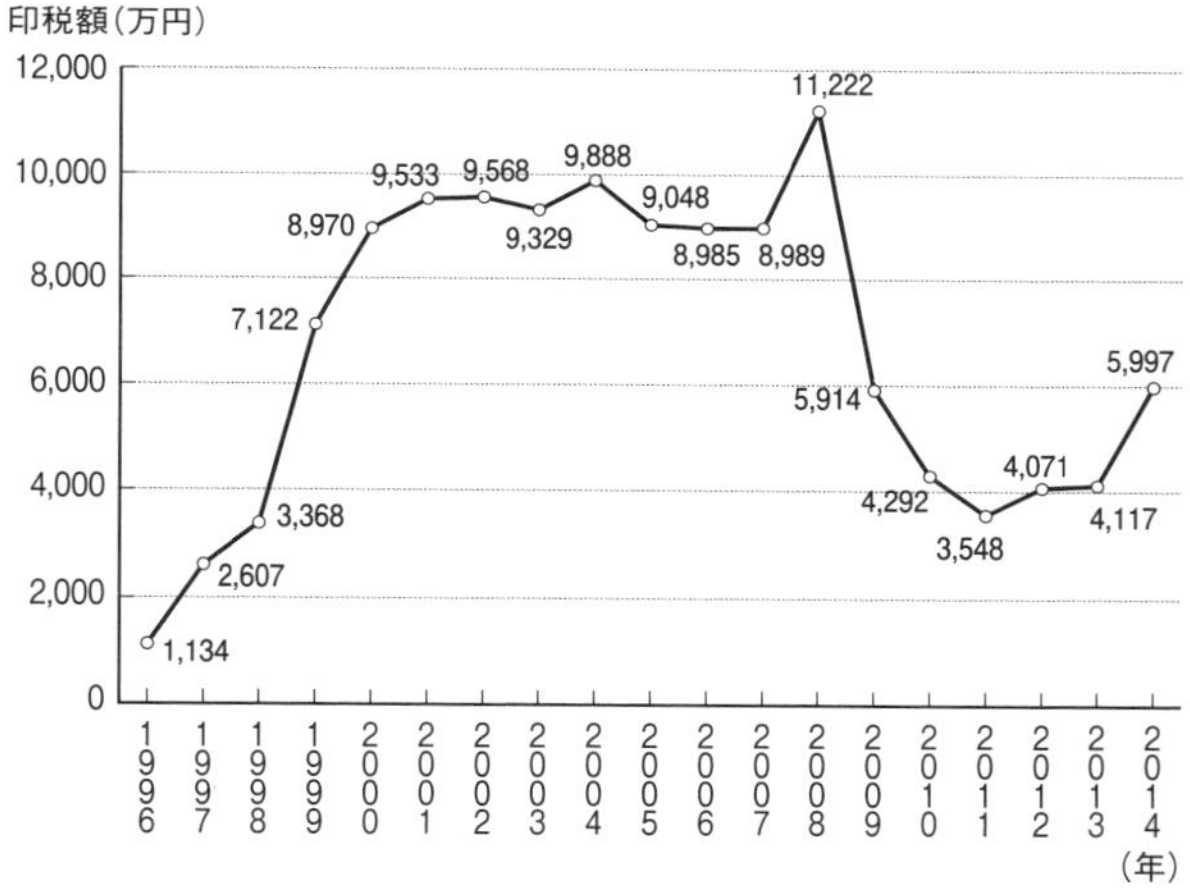

図-1　印税額（印刷書籍のみ）の推移

まり、170人に1人くらいの割合になる。これがTVの視聴率だったら即打切りだ。とにかく、小説というものが、超マイナなのである。

それでも、作家は、そこそこ本が売れれば商売としてやっていける。それどころか、森博嗣程度でも、なかなかに条件の良い商売として成立している。それはひとえに、自分一人だけで作り出せるからで、この要因が最も大きい。経費もかからないし、比較的短時間で生産できることなどが、好条件といえる。

では次に、その森博嗣の印税の推移を見てみよう（図－1）。

ここに挙げた数字は、国内の印刷書籍から得られた印税を年ごとに集計したものである。原稿料など、印税以外のものは含まれていないし、また、海外での出版や、僕の小説を原作にした漫画、それから電子書籍は勘定に入っていない。

図のとおり、最初5年ほどで上昇し、その後8年ほどはほぼ一定になっている。また、2008年末に、僕は小説家として引退をした（らしい）ので、その後は出版される本が半減した（そうなるようにコントロールしたの意）。そのとおりの数字になっている。

もちろん、これが全収入ではない。印税が、収入の大部分といえるが、これ以外の印税として、海外で翻訳された書籍のものがある（これまでに50冊ほどが訳されている）。また、僕の小説を原作として、漫画やゲーム、そして映画やTVドラマになったものがあって、これらの売上げからも一定の割合で印税の収入がある。さらに、近年では電子書籍がどんどん割合を高めている。

実は、引退後、仕事時間を1日1時間に制限したので、事務処理をさぼっていて、電子書籍の収入については集計をしていない。今回、数字が示せないのは、森博嗣の稀《まれ》に見る「やる気のなさ」に起因している。ご容赦いただきたい。

印税だけが収入ではない

これらの印税以外で大きいのは、さきほど述べた原稿料である。雑誌にちょっとした短編が1作掲載されると50万円ほどいただける。また、ある清涼飲料水メーカから小説の執筆を依頼されたことがあって、このときの原稿料はその1作で1000万円だった。その作品は本になって出版されたのだが、そのときの印税とは別にである。これは原稿料というよりも広告料と捉えるのが正しいかもしれない。

さらに、講演会などへの出演料もある。これらについては、また章を改めて詳述するつもりだが、作家の中には、印税収入や原稿料よりも、講演料や出演料の方が多いという人がいる。以前に小説雑誌で、作家たちの収入の内訳が円グラフで示されていたことがあって、印税と原稿料を合わせても半分以下、という作家がいた。講演料がかなり多く、顔が売れてくると作品を書かなくてもビジネスになるのだな、と思ったのを覚えている。

いつの間にか殿堂入りしていた

森博嗣の場合、これといってヒット作がないこともあって、印税収入は非常にコンスタントである。2000年〜2008年の9年間は、毎年二十数冊を出版していた。ほとんど一定の印税を得ていることが数字から読み取れるだろう。

2010年に、Amazonの10周年記念で殿堂入り作家の1人に選ばれた。これは、2000年からの10年間における販売状況などによって選出されたものらしく、作家としては、20人が選ばれた。小説家だけではなく、ピーター・ドラッカー氏も入っている。その20人が知りたい人は、ネットで検索すればすぐわかる。この10年間は、森博嗣の場合、ちょうど一番売れていた時期と重なっていて、合計の販売部数が日本の作家として20位に入ったということだろう。記念の楯とリボルテックダンボーのフィギュアが送られてきた（61ページの写真1-2）。

その自慢をしているのではない。ここに挙げた数字が、現在の日本の作家として、全ジャンルで20位以内になる、ということが重要なポイントである。逆に言えば、森博嗣のようなベストセラもないマイナ作家が選ばれるほど、今は売れる作家が少ない時代な

写真-2　Amazon殿堂入りの楯と記念品

のかもしれない。

いきなり印税の総額を紹介してしまったが、印税を本の値段で割って10倍したものが、出版された部数になる。印税の大半はノベルスと文庫によるものだから、ほぼ10年間は、毎年１００万部を発行していた計算になる。

現在まで国内で発行された森博嗣の印刷書籍の総部数は、約１４００万部である。最近は電子書籍がどんどん増えているのだが、集計する時間も惜しいため、データの管理や評価をしていない。もう少し若かったら、将来に向けて戦略的な方向性を決めるためにデータを蓄積しただろう（印刷書籍の数字が集計されているのはこのため）。ホームページ

(HP)の管理のために秘書を雇っているけれど、それ以外の事務はすべて自分一人でやっているので、合理化の一環で事務処理の一部を切り捨てた。しかし、電子書籍については後述したい。

自著以外の原稿料や印税

さて、ここまで書いてきたのは、すべて自分の名前で印刷物になるような、すなわち自著に関する原稿料と印税についてである。既に一部は書いてきたが、これ以外にも、原稿料や印税がもらえるものが多数ある。それらについて、思いつく順番に書いていきたい。

たとえば、対談をする仕事がある。対談というのは、2人で話をする場合のことで、3人になると鼎談《ていだん》といい、4人以上になると座談会と呼ぶらしい。とにかく、これを引き受けると、場合によっては対談料のようなものがもらえる。また、その対談が雑誌などに掲載されれば原稿料がもらえる。この場合、その原稿を書いたのは、作家ではなくライタという職業の人だ。対談の録音を聴きながら文字に起すわけだが、しゃべっているそのままでは冗長になるし、話題も方々へ飛んで、筋としてまとまらない。そこで、テーマに沿っていかにも有意義な会話をしているように仕立て上げるのが、ライタの腕ということになる。

ライタがどれくらい原稿料をもらっているのか僕は知らない。作家としては、ただしゃべっただけではなく、そのライタが書いた文章を確認して修正する作業（ゲラ校正）が伴う。全部を自分で書いた場合よりは、当然ながら安い。対談をした人数を考慮しても、もう少し安いはずだ（その分がライタへ行くのだろう）。

ただ、この対談が本になる場合がある。森博嗣の著作の中にも、他者と対談をした文章が掲載されているものが幾つかある。その場合、本の印税は著者に入り、対談の相手には、なんらかの著作使用料が支払われる。印税は、販売部数に比例して増えるが、著作使用料は、権利を売り買いすることになり、最初に支払われる定額である。

今年（２０１５年）の６月に、養老孟司著『文系の壁』（ＰＨＰ研究所）という新書が出るが、内容は、養老先生が４人の理系人と対談をしたものである。その４人のうちの１人が僕だった。養老先生の著作は、かなり以前から多数読んでいて、僕はファンである。それで、オファがあったときにすぐに引き受けたのだが、この本では、対談をした4人に1％ずつの印税が支払われる条件になっていた。養老先生が4％だったと思う（確認していない）。残りの2％をライタが取るのだろう（これも想像）。この文章を書いている現在は、まだ出版まえなので数字は示せないが、森博嗣の新書に比べたら、養老孟司の新書はきっと10倍は売れるだろうから、1％といっても、自分で1冊書くくらいの金額になるのではないか、と予想している（希望的観測）。

入試問題に使われた場合

印税関係では、このほかに、入試問題に著作が使用され、それが問題集になったときに生じるものがある。以前から少数あったけれど、数年まえから特に増えた。僕の著作が大学、高校、中学などの入試で使われている。あるウェブサイトでたまたま見たのだが、作家別の使用頻度が2年連続で1位だと書いてあった（塾の先生が個人的に集計したデータのようで、範囲や精度の保証はない）。国語や小論文などに使われているのだが、小説ではなく、多くは本書のような新書から引用される。

入試に使われる場合、事前に承諾を得る必要がない。入試問題は機密でなければならないからだ。したがって、学校側は黙って使用し、試験が終わったあと作者に報告をする。この時点では著作使用料は無料である。しかし、入試問題は最近は公開されることになっている。このとき、引用した文章の作者から承諾を得て、著作使用料を支払う義務が生じる。問題を無料で公開する場合であっても、承諾と使用料が必要になる。

さらに、入試問題は、その後書籍になる場合が多い。大学であれば、赤本と呼ばれる本に収録される。こうなると、その問題集の印税の一部（引用された文章のページ数で案分）が支払われる。問題集は、その後毎年印刷されるし、相当な数が発行されるので、ページ数は少なくても、ときには1件で毎年数万円の額になる。

入試ではなく、模擬試験で使用されたり、予備校などの問題集で使われたりする場合もある。僕の場合、ここ数年、1年間で100件近い使用があった。それが毎年あり、過去のものが累積される。著作使用料は、法律で決まっているわけではなく、著作者が自由に決めて要求できるようだ。あまり高ければ、つまりその問題は公開（掲載）されないことになるのだろうか。僕は、日本文藝家協会が規定している料金をいただくことにしている（ちなみに、日本文藝家協会の会員ではない）。面倒だから無料にしている人もいるかもしれないが、著作権というものがこの世にあることを、なるべく多くの人に認識してもらう良い機会であるので、すべての連絡に応じ、料金をいただくことにしている。ちなみに、多くは1件が1０００円〜２０００円程度である。

ブログだけで年収1000万円

印刷出版されない文章というものも、最近は増えている。ウェブに掲載される文章である。これは雑誌に準じるものと認識されているようだ。ウェブ・マガジンなどとも呼ばれ、原稿料も雑誌などとほぼ同様に設定されている。ただ、さすがに原稿用紙ではなく、文字数で指定されていることが多い。

僕は、「ＷＥＢ ダ・ヴィンチ」というサイトで、毎日ブログを連載していたことがある。これは、２００５年10月からスタートし２００８年12月まで3年3カ月間続いたが、毎日1０００文字くらいの文章を書いてアップしていた。このときの原稿料は、３００文字で５０００円だったと記憶している。改行などが多いと、３００文字程度で原稿用紙1枚になるから、その計算になる。結局、ここでもまだ原稿用紙が単位だった。

　つまり、1日の原稿料は1万5000円ほどになるから、1カ月で約45万円をいただいていた（年中無休だった）。僕は作家としてデビューしたあとも10年間は国立大学の助教授だったが、当時の手取りの月給がだいたいこれと同額である。大学には毎日12時間以上勤務し、非常にストレスが多い仕事だったが、これに比べて、このブログは15分ほどで書けた。いかに、作家が割の良い仕事かがわかると思う。

　さらに、このときのブログは、3カ月ごとに文庫になって出版された。全部で13冊発行されている。読者にとっては、ウェブで無料で読めたものが印刷されただけなので、買わない人が多かっただろう。たとえば、最初に出た『MORI LOG ACADEMY 1』（メディアファクトリー）は、第3刷まで出て合計1万7000部。印税率は10％で、この1冊で100万円以上になる。1年に4冊出るから、大学からいただいていたボーナスの倍くらいになった。

　このブログ連載だけで、1年間の原稿料は540万円、4冊の本の印税で約400万円。つまり、トータルで年収940万円になる。1日15分の仕事でこれだけ稼げたのだ。

残念ながら、2008年12月で引退らしきことを宣言し、僕の意志でこれを打切った。現在、このブログは、ファン倶楽部のサイトで無料で公開されている(会員限定だが、入会も会費も無料)。

作家はどう営業するのか?

調子の良い話ばかりしているので、このあたりで少し水をさしておかなければならないだろう。仕事というのは、普通はまず売り込む活動が必要だ。ようするに、「営業」である。そのあと、買い手との値段交渉になり、折り合いがつけば取引が成立して、仕事(生産)ができる。こういった仕組みですべてのビジネスが進む。顧客に満足を与えられる仕事ができれば、それが次の仕事につながる。仕事の質がつまりセールスであり営業を兼ねている。

作家の場合は、売り込みをする必要がない。何故なら、その作家の仕事は広く公開されているからだ。どんな作品を書くのか、既発表の作品を読めばおおよそ見当がつく。したがって、作品を使いたい側から仕事の依頼が来る。僕の場合、デビューするまえに書いた5作を除けば、すべての仕事は出版社からの依頼でスタートしている。僕の方から頼み込んで出してもらった本は、趣味の本（『庭園鉄道趣味』〈講談社〉など）くらいだし、そういった本であっても、出版社は赤字を出すわけにはいかないので、ある程度は売れる見込みが必要である。

逆に言えば、作家は営業というものができない仕事なのだ。「もの凄く面白いものを書きます」と意気込みを示しても聞いてもらえない。なにしろ、意気込みよりも、完成原稿がものを言う。それがつまり「投稿」である。それに、新人の作品がどれくらい売れるのか、その「価値」を、多くの編集者を含めて誰も評価できない。これは駄目だ、というものは明確にわかるが、これは売れる、というものはわからないのである。

つまり、本にして出してみないとわからない出たとこ勝負の世界だといえる。ほかの芸術ならば、ビジュアルの部分があったり、技巧的な優越がはっきりしているものがあったりして、かなりの部分が予想できるだろう。しかし、小説はわからない。何が受けるのか、何が当るのか、ベテランの編集者でもわからないのだ。

文章が上手ければ良いというわけでもない。魅力がなければならないが、その魅力とは何なのか、はっきりとわからない。読者が求めているものも、多種多様、さまざまであって、最初から大きな需要が明確に存在するわけではない。ヒット作というのは、なにかの拍子に偶発的に現れるといっても過言ではない。

賞などに応募する道

出版社にしてみると、新人を起用するのはハードルが高い。それよりも、既にファンのついている作家の方が、数が見込める。しかし、ヒットはなかなか出ない。このジレンマを打破するために、新人賞なるものが用意され、その話題性を伴わせてデビューさせるのだが、しかし、この頃は賞を取ったところで、それほど売れるものではない。だいたい、世間の普通の人は、芥川《あくたがわ》賞も直木《なおき》賞もほとんど意識していない。ニュースにはなっても、誰が受賞したかなんて記憶にも留めない。

ただ、もちろん、なにもない場合よりはずっと好条件であることは確かだ。有名な賞を取った作品であれば、それが宣伝文句になる。この宣伝というのは、つまりは金をかけて売り込む行為である。新聞、TV、ラジオ、ネットと、メディアを使って告知をすれば、それだけ売行きはアップする結果にはなるものの、そのアップ分で宣伝費をペイできるかどうか、という問題が基本的にある。ペイできなければ、広告しただけ出版社は損をすることになる。もっとも、そのようなデータを正確に把握し、事業として分析をしている出版社がどれほどあるだろうか、というのが僕の実感である。

ただし、宣伝費は出版社が負担するものであり、作家にとっては腹は痛まない。宣伝してもらって印刷される部数が増える分だけ印税が高くなるので、非常にありがたい話だ。作家は無責任に「どんどん宣伝して下さい」という姿勢になるのも当然。売れなければ、それは作品のせいではなく出版社の宣伝が不充分だからだ、と思い込んでいる作家もきっと多いことと思う。

こう書くと、自分の力ではなんともならない「成り行き」みたいなものに支配されているのが「小説家」というビジネスと捉えられるかもしれない。面白いものを書けば、いつかは芽が出る、などといった綺麗事も聞くけれど、これは「よほど面白いもの」に限られる。「そこそこ良いもの」では駄目だ。それに、「よほど面白いもの」も、既に世間には膨大な数が存在するのである。したがって、それらに勝る「良さ」「新しさ」を持っていれば確実に芽が出るだろう。少なくとも、「才能があっても発掘されない」という時代ではない。

広報活動よりも大事なのは？

しかし、この頃はネットを利用して作家が直接読者に向けて発信できる環境が整っているので、広報活動に努力を惜しまなければそこそこの宣伝効果は見込めるだろう。なにもなかった時代に比べれば、である。ただ、新人で誰も名前を知らなければ、たとえネットで発信しても見向きもされない。ネットはそれほど普及しすぎてしまった。もう「普通」のメディアになったということであり、違いはただ、発信に費用がかからないというだけだ。効果は今となっては薄い。それが現実である。

新人は、とにかく良い作品を次々発表するしかない。発表した作品が、次の仕事の最大の宣伝になる。それ以外に宣伝のしようがない、と考えても良い。したがって、最初のうちは、依頼側が期待した以上のものを出荷する。価格に見合わない高品質な仕事をして、割が合わないと感じても、それは宣伝費だと理解すれば良い。最も大事なことは、多作であること、そして〆切に遅れないこと。1年に1作とか、そんな悠長な創作をしていては、たとえ1作当っても、すぐに忘れ去られてしまうだろう。

「解説」を引き受けるといくら?

さて、自分の作品以外に原稿料がいただける仕事として、他の作家の本の解説や推薦文などがある。この「解説」というのは、単行本には滅多にない。文庫本の巻末にある場合がほとんどだ。どういった経緯あるいは習慣でこうなっているのか知らないが、文字どおり、その作品について他者が一文寄せる。僕は、これまでに10回ほど、この解説というものを引き受けたことがある。

文庫の解説は、その一文に対して普通は10万円程度の原稿料が設定されている。不思議なことに、これは文章量には関係なく定額である。多くの場合、原稿用紙で5枚〜10枚程度の長さなので、エッセィなどを雑誌に掲載したときの原稿料よりは高い設定である。それはそのはずで、書くまえにその作品を読まなければならない。雑誌や単行本のときに読んだものならば良いが、読んでいないものなら時間がかかる。それに、批判をするわけにいかない。その作品、あるいは作家を引き立てる内容を書く必要があって、これがなかなかストレスになるだろう。書評家であれば慣れているのかもしれないが、僕はあまり慣れていない。だいたい、読んでいない作品だと、書けるかどうかもわからない。つまり、「褒められるか」という疑問があるわけで、読んでから依頼を受けるかどうかを判断しなければならない。面倒なことである。正直な人間には辛い仕事ともいえる。

そこで、あるときに、僕はこの解説の原稿料を25万円に引き上げることにした。10万円ではやれない、という判断である。25万円もらえれば、必要な時間と労力に見合った仕事だと考えたからだ。それに、未読のものであれば、読んだあとに断れることを条件にした。読んで断れば一銭にもならないが、依頼側も時間を消費することになるので、これはしかたがない。

原稿料や印税と同じく、この解説も報酬が事前にほぼ決まっている。出版界では、慣例として定められている料金が多いのだが、仕事というのは、本来引き受ける側が料金を設定するものだ。もし、仕事が欲しかったら安くし、面倒なものは高くする。したがって、いずれも作家から料金を提示するのが自然だろう。少なくとも、出版社と作家の間で交渉の機会があってしかるべきだ。

解説の料金を25万円に引き上げたあとも、依頼があった。出版社の編集部は驚いたようだが、その金額で折り合いがつき、僕は気持ち良く仕事をした。

ほかにも、自分で値段を決めたものとして、講演料がある。1時間40万円と決めている。この金額は安くはないが、高くもない。ごく普通の相場である。詳しいことは後述する。

「推薦文」を書くといくら?

解説とまではいかなくて、ちょっとした推薦文などの依頼もある。これは、一言で良い。新人がデビューするときなどに、オビに書かれる。「誰某が絶賛」などとあったり、「この手があったか!」(これは今考えたオリジナルである) みたいなキャッチコピィとして扱われたりする。このような推薦文の料金は、たいてい2万円~3万円である。文章は1行で良い。ツイッタよりも短い。これなどは、「原稿料」とはいわないのかもしれない。「謝礼」だろうか。

この種の推薦文は、何度引き受けたか正確には数えていないが、10回ほどではないかと思う。出版社から突然依頼が来る。森博嗣という作家は、パーティなどにも顔を出さず、つき合いが非常に悪いので、このような依頼は稀だ。よほどの覚悟があって依頼してくるものと想像する。だいたい、3件に1つくらいは、引き受けたのではないだろうか。

たとえば、エッセィで、他作家の作品を紹介したり、褒めたりすると、その作家や作品の本に、「推薦文として一言書いてほしい」といった依頼が来る。こういうときは、既にその本についてよく知っているわけだから、依頼する方も頼みやすい。引き受けてくれる確率が高い、と読むわけだ。

そうではなく、新人がデビューするときに、先輩として引き立ててほしい、というような依頼もあって、その場合は、未発表の作品を読まなければ書けない（たぶん、読まなくても書けるが、僕は正直者なのでできない）。小説を読み慣れていない僕にとっては、これは重労働になる。1行書くために数時間かけて本を読まなければならないわけで、そのくらいならば、エッセィか短編を書いた方が仕事としては有益かつ高効率といえる。

そうは言っても、出版社や編集者にはお世話になっているわけで、そういった義理がある人を通して依頼が来る場合が多い。現に、僕がデビューした本では、4人もの先輩作家から推薦文をいただいている。であるから、後輩にそれなりの世話をするのも、当然といえば当然かもしれない。

ただ、「絶賛」はやめて下さいね、とお願いしたりすることはある。そんなに簡単に絶賛できる人間ではないからだ。昨今は、ちょっと「良いね」くらいが「大絶賛！」になるし、うるっとしただけで「号泣！」となる。言語表現のデフレといえるだろう。

いずれにしても、細かい仕事をあまり引き受けない方が良いように僕は思う。メインの仕事ではないということだ。メインは、やはり自分の作品を執筆することであり、自分の本を上梓することである。

電子書籍ってどうなの？

さて、ここで、最近増えてきた電子書籍に関して少しふれよう。これと区別をするために、ここまで「印刷書籍」という表現を使ってきた。これは、僕が使っている用語であって、一般的なものではない。「紙媒体」などともいう。一方「電子書籍」は、もうこの呼び名が広く普及している。ただ、その実態はさまざまで、フォーマットが微妙に違ったり、データをそっくり購入するのか、それともアクセス権を買うのか、などシステムの違いもある。

電子書籍が有利な点は、本の単価が安いこと、どこでもいつでも購入してすぐに読めること、さらには、保管場所を取らないこと、沢山の本を持ち歩くのに軽量であることなどが挙げられる。将来的には、本というものがほぼこの形態になり、「電子書籍」が単なる「書籍」と呼ばれるようになるだろう。

僕は、5年まえに「この5年で電子書籍と印刷書籍は逆転するだろう」と書いた。実際、僕の本は現在肉薄している。昨年（2014年）僕のシリーズがTVでドラマ化されたとき、Amazonで文庫の売行きを観察していたが、常に印刷書籍よりも電子書籍の方が順位が上だった。少なくともAmazonでは電子書籍の方が売れている。Amazonは日本で最も大量に本が売れる書店であり、全書店に対するその割合は15%くらいなのかなと僕は想像している。これはデータ的な根拠はないが、10%〜20%の間であることはまちがいないだろう。もちろん、今後さらにシェアを伸ばすことは確実だ。

小説は、一般に電子書籍があまり出ない。小説のファンは、印刷書籍を好む傾向にある。逆に本書のような新書(ビジネス書なんて呼ばれたりするが)では、電子書籍が優勢だろう。さきに挙げたドラマ化で売れた分というのは、20年近くまえに発行されたシリーズの文庫であって、既に森博嗣のファンは持っているわけだから、TVを見て初めて手にした新しい層の数字だということである。

電子書籍の印税率について

さて、この電子書籍でも、印刷書籍と同じように作者に印税が支払われる点では変わりはない。異なっているのは、印刷をしないわけだから、あらかじめ大量に生産して在庫を用意する必要がなく、増刷などもない、ということだ。デジタルデータなのだから当然である。電子書籍でも、出版社が行う編集は必要なので、印刷の手前までの作業は同様といえる。しかし、印刷費は不要、さらに運搬費もいらない。書店に並べる必要もない。在庫を抱えることもないから、出版・流通・販売・管理のコストは極めて小さくできる。したがって、印刷書籍では10%前後だった印税率は、電子書籍ではもっと高い数字にできるはずだ。

現在では、電子書籍の印税率は15%〜30%が多いようだ。定価の15%とか、最終価格の30%とかが作者の取り分になる。残りを出版社と電子書店で分け合うことになる。電子書籍は、価格も自由に変えることができるので、安売りも頻繁に行われるが、この場合の印税については、元の値段で計算するのか、売れた値段で計算するのかは契約時に定められる。

印税率が印刷書籍の約3倍なので、売れる部数が3分の1でも、作家にとってはほぼ同額の印税収入が得られる（電子書籍は印刷書籍の文庫版よりも若干安いが）。

さらに違っている点がある。印刷書籍は、印刷された部数に対して印税が支払われるが、電子書籍では印刷されないわけだから、実際に売れた部数によって印税が支払われる。定期的に販売数が報告され、そのつど印税が振り込まれるようになっている。これは、前述の専門書の方式と同じだ。こうなると、最初にまとまった収入がないので、作家は少々心細いかもしれない。もともと、出版社が抱えていたリスクが消えて、そのリスクを作家が受け持つ形といえる。これは、非常に「自然」である。

電子書籍の場合、時間の経過とともに売行きの変化を把握できる、というメリットもある（たとえば、何月に一番本が売れるのかもわかる）。本の価格も変化するので、その影響も把握しやすい。マーケッティングのデータが得やすいシステムといえる。

電子書籍の印税率は今後どうなる?

さて、電子書籍の印税が15%～30%というのは、僕は低いと感じている。たとえば、出版社などを通さず、自分で直接配信すれば、印税率は100%だ。一度名前が売れてファンがつけば、自分のサイトで販売することは充分に可能である。電子書籍に限らない。自分で印刷屋に発注し自費出版しても同じだ（同人誌のようなもの）。ただ、電子書籍だと印刷代がいらないし、在庫の保管場所もいらないし、送料も発送作業もいらない。ようするにリスクがまったくない。

電子書籍にもリスクがないわけではない。データを無防備に渡してしまうと、コピィが出回ってしまうので、ここでなんらかの工夫が必要になる。こうしたセキュリティ管理が個人でできるかどうかによって、今後の作家ビジネスのやり方が違ってくるだろう。

今は、出版社を通し、また電子書店を通して売られているが今後はどうなるか、ということである。作者はコンテンツを持っているし、著作権も持っている。だから、作者は基本的に有利だ。印税率が低いと感じれば、別のルートで販売する選択が可能である。したがって、今後、印税率はまだ変化するだろうし、もっと高くなるものと僕は予想している。

印刷書籍というのは、将来的には限定品、記念品的な「スペシャル」な商品として位置づけられることになるだろう。つまり、電子書籍で読んだファンが、グッズとして印刷書籍を買う時代になる。

翻訳されたらいくらもらえる?

さて、次の話題は、別のメディアへの展開による印税である。まず挙げられるのが翻訳だ。海外で作品が出版される場合である。

この場合、まずその言語に翻訳する作業がある。すると、この翻訳者にも著作権が生じる。ここで、印税の割合をどうするのかはそれぞれの契約によるが、僕が経験したものでは、原作者と翻訳者で折半、つまり50：50で分けるのが普通のようだ。

なにしろ、原作者としてはなにも作業はない（訳されたものを確認できる言語能力がない場合が多い）。異国で自分の作品が読まれるという精神体験をするだけであるし、ただオリジナルを作ったというだけで印税の半分がもらえるのだから、考えてみたら、ありがたいプロジェクトである。

翻訳のオファがあったとき、僕の場合は、森博嗣のローマ字表記を「MORI Hiroshi」にすることくらいしか条件を出していない。これまでに50冊ほどが海外で出版されているけれど、そのほとんどは、台湾、中国、韓国をはじめとするアジア諸国である（タイやインドなどでも出版された）。ヨーロッパではフランスだけで、これまでに英語圏では印刷書籍は出ていない（電子書籍では、短編が5作英訳されて出版されている。この翻訳者は、作家で友人の清涼院流水《せいりょういんりゅうすい》氏である)。

翻訳されるのは、以前は小説ばかりだったが、この頃はエッセィが海外で出版される事例が増えてきた。ただ、いずれも日本国内のように大量には売れない。これはしかたがないことだろう(そもそも、どれくらいの読書人口が存在するのか僕は知らない)。フランスで訳されたのは、中央公論新社の『スカイ・クロラ』シリーズで、これは明らかに映画の影響である(2008年、押井守《おしいまもる》監督によって『スカイ・クロラ』がアニメ映画化)。

漫画化されたらいくらもらえる?

海外での翻訳と形態が似ているのは、漫画化である。僕の場合、漫画化は、これまでに5作あり、現在連載中のものが2作ある。

これは、もちろん国内の話だが、ほとんどの作品はのちに翻訳されて海外版も出る。漫画というメディアに「翻訳」されると捉えると、翻訳本と類似点が多い。当然ながら、翻訳者はつまり漫画家だ。

漫画化される場合には、原作に沿って漫画作品が作られる。オリジナルがあるため、やはり雑誌掲載時の原稿料や、単行本になったときの印税を、原作者と漫画家で分けることになる。この場合も、比率はそれぞれで契約をするわけだが、50：50になる場合が多いようだ。ただし、最初の原稿料については、漫画家の比率が高くなる場合もあり、たとえば、7：3とか、8：2といった案分になる。これは、作業量を考慮した数字だろう。漫画の制作は文章の執筆よりもはるかに労力が必要だ。アシスタントの人件費もかかる。妥当なところだろう。しかし、単行本になったときの印税については、両者ともに作業は少ないので、50：50でも理屈が合う。

もちろん、人気漫画家なのか人気作家なのかで、本当のところは損得があるだろう。あまり売れていない漫画家が人気作家の原作で本を出せば、その名前で売れることがあるかもしれない（もちろん、その逆だってある）。

原作者からしてみると、漫画になるだけで自著が増えるわけだから、美味しい仕事といえる。労力的にもさほど必要ない。ネームとか下描きの段階でチェックするだけだ。

僕の場合、漫画でもアニメでもドラマでも、まったくと言って良いほど口を出さない。

イメージが違っても、それは当たり前だと考えている。むしろイメージが違うから面白いのではないか、と感じるほどだ。たとえば極端な話、酷い作品になってしまったとしても、原作に傷がつくわけではない。むしろ「原作はもっと面白いよ」と皆さんが呟いてくれる分、宣伝になったりする。

漫画、アニメ、ドラマになることで、これまで小説に手を出さなかった人たちが本を買ってくれることになる。このプラス効果が非常に大きい。したがって、たとえロイアリティをいただかなくても、自著の重版分で充分な報酬が得られる可能性が高い。この話は、次章でもう一度取り上げるつもりだ。

漫画を小説化したことが一度だけある

なお、逆の立場になったことも一度だけあった。僕は、萩尾望都《はぎおもと》の名作漫画『トーマの心臓』のノベライズ(メディアファクトリー)をしたことがある。子供の頃に読んだ少女漫画作品であるが、これを原作にして、小説化したものだ。この場合、萩尾望都先生に著作権が生じるので、単行本と文庫のいずれも印税率(それぞれ12%と10%)のうち、ある割合を先生に受け取ってもらっている（これは、僕だけの問題ではないので公開しない）。漫画のようにネームとか下描きがないので、事前に先生のチェックを受けていないが、書き上げたところで最初に読んでもらい、OKをいただいてから出版の運びとなった。個人的には大変素晴らしい経験だった。あの作品を書いたことで、小説家として今後もやっていける気がした。自信のようなものをいただいた思い出の一作となった。

絵本の印税はどう分ける？

漫画ではないが、僕は絵本を数冊上梓している。絵本の場合、絵を描く人がいて、共同作業になる。最初に物語があって、それに合わせて絵を描いてもらうのが普通だと思うが、僕の場合はその逆で、最初に絵があって、その絵を組み合わせて物語を書いたものもある（『猫の建築家』と『失われた猫』〈ともに光文社〉）。絵本の場合も、作画と文章の担当者が印税を分け合うが、これもそのときどきで条件が違い、契約の時点で定められる。折半という例が多いかもしれない。

絵と文章では、それを制作する労力がだいぶ違う。一般に絵は時間がかかり、文章はすぐ書ける。それを考えると、半々では文章家が得のように見えるだろう。僕は、作詞と作曲でも同じ印象を受ける。作曲は、作詞よりも大変ではないか、と感じるのだ。しかし、このあたりは人それぞれ、ときと場合によるだろう。

印税ゼロで本を出してみた

ここで、絵本『STAR EGG 星の玉子さま』(文藝春秋)について書かなければならない(『小説家という職業』に詳しく書かれているが)。この絵本は、絵も文章も僕が作った。当然ながら、絵の方が30倍以上時間と労力が必要だった。

自作の小説では一度もそう思ったことはないが、僕はこの本は「できるだけ大勢に読んでもらいたい」と初めて思った。そこで、印税をゼロにして(つまり受け取らないことにして)本の価格を下げた。その結果、1500円が1000円になった(10%の印税率をゼロにするだけでこれくらい価格に影響が出る。不思議に思う人は『小説家という職業』参照のこと)。また、発行後には1000冊を僕が個人的に買い上げ、100

0人に本を贈呈するという企画を立ち上げて、読者から贈り先を募集して著名人や諸施設へ送りつけた。受贈者の中に、よしもとばなな氏がいて、その縁で彼女と友達になれた。個人的にはそれだけで元が取れたと考えている。

この1000人への贈呈は、もちろん広報活動である。このほか、この絵本では、新聞の全国版に全面広告を載せるという実験もしてみた。この広告費も自前で出すと申し出たのだが、これは出版社内で却下された（つまり、広告費は出版社持ちになった。印税と1000冊買い上げ分がここへ回ったという解釈もできるが）。

このくらい思い切ったマーケッティングは、出版社は普通は考えもしない。「作家の名前を売る」ということは、作家自身が考えなければならない最重要課題である。この『STAR EGG 星の玉子さま』は、その後文庫化され、そのときは印税をいただいている。また、続編の『STAR SALAD 星の玉子さま2』（同社）も出ている。

著作権は死んでも消えない

ところで、著作権は作者が生きているうちは作者のものであるが、作者が死んだあとは、日本では50年間遺族がその権利を持つことができる。これは、著作権の保護期間と呼ばれているが、50年というのは外国と比べると短い。アメリカやヨーロッパなど多くの国では70年だ。日本でも、70年に変更するように海外から圧力がかかっていると聞いている。

一度創作すれば、ずっとその利用を独占する権利が生きている。ここが著作権の凄いところである。

普通の製品だったら、最初に売れて、しだいにじり貧になっていくのが常であるけれど、書籍などでは、なにかの切っ掛けで突然売れだすことがある。さきに紹介したTVの連続ドラマ化などがその例だろう。したがって、本を出し続けていれば、どれかが当って、ほかの作品も売れ始めることだってある。シリーズものを書いていれば、1つが当れば、シリーズ全体が売れるようになる。この例は、『スカイ・クロラ』シリーズなどで観察された。

長く売れ続けるためには?

デビュー作の『F』が20年にわたってコンスタントに売れているのは、この作品が特に面白いからというわけではなく、森博嗣が次々に本を出したからだ。新しい作品を常に世に送り出していれば、いつも新作が書店にあるし、広告などに名前も登場する。そして、どうせなら1作めから読もうという人も出てくる。新作を読んでみたが、今一つよくわからない、ならばよく聞く題名のものをもう1作読んでみるか、と思うかもしれない。1作手に取って読んでみてつまらなくても、その話を誰かにしたときに、あれなら面白いかも、と紹介されることもあるだろう。1作出して、それが売れるまで放っておくというマーケッティングではまず成功しない。やはり、常に新作を出すことが作家の仕事の基本といって良いだろう。

どんな商品であってもこれは同じだと思う。ただ、小説ほど劣化しない商品はないといっても良い。性能を競う製品ではない、ということだ。ヒット作であれば、出たときにどんと大量に売れる。森博嗣は、そういう売れ方をしなかった。そのかわり、何年にもわたってじわじわと売れて、印税も分割していただくことになった。大金を摑んで気が大きくなり無駄遣いをするようなこともなかった。自分のライフスタイルにも合っていた、と思っている。

このように長く売れ続けるという点では、主力商品は文庫である。単行本はすぐに書店から姿を消してしまうが、文庫は棚に残っているからだ。もっとも、最近はネット書店で購入する人が増えているので、「棚に留まる」ことの意味はさほどなくなったといえるだろう。そういう意味では、単行本でも長く売れ続ける時代かもしれない。

ブックデザインに力を入れる理由

単行本の強みは、装丁の美しさである。

僕は、自分の本を作るときに、カバーのデザインに口を出す。逆に言えば、印刷書籍のアドバンテージはそこしかないからだ。最初からそれがわかっていたので、作家になってすぐに、ブックデザインに力を入れるようになった。ただ、自分でデザインしたり、自分でイラストを描いたりした本は数冊（たとえば、『墜ちていく僕たち』ノベルス版〈集英社〉、あるいはすべてを自分で描いた絵本『STAR EGG 星の玉子さま』など）しかなく、ほぼ専門のデザイナにお任せしている。そして、ラフデザイン、イラスト候補、下描きなどの段階から何度もチェックをするし、数例のバリエーションを出してもらって選んだりもしている（僕の本のカバーデザインを最も多くしていただいているのは、鈴木成一《すずきせいいち》氏である。今では信頼関係があるため、出来上がるまでお任せの場合も多い。ただ、その鈴木氏でも、初期には、喧嘩寸前の応酬もあった）。

作家という仕事の特質とは？

本章では、作家の収入の大部分である原稿料と印税について、ときどき具体的な金額を挙げて説明した。僕の場合は、印税の方がずっと多いが、そうでない人もいる。極端な例になると、単行本だけで文庫を出してもらえない作家もいるだろうし、また、雑誌に掲載されるだけで単行本が出せない作家もいるはずだ。

「出版」というもののハードルは、かつてよりもずっと低くなっているが、その分、多くを売ることは難しくなっている。本が出たというだけで喜んではいられない時代である。しっかりと部数を把握し、それを増やしていくためには何が必要なのかを、作家は自分で考え、戦略を立てなければならない。出版社はそこまで考えてはくれない。それよりも、もっと売れる作家を探す方がずっと簡単だからだ。

とにかく、小説家になりたい人はとても多いみたいである。これは、僕がこの仕事を始めてわかったことだ。なにしろ、知識や技術がいらない。道具も仲間もいらない。初期投資も不要。また、実際に小説家として働いている先人を見ると、もの凄く楽そうである（たとえば、この本のように）。なかには、アイデアが出なくて困っているとか、スランプだとか、〆切に追われて徹夜だとか、苦労している振りをする人もいるようだけれど、客観的に見て労働条件は悪くない。若い人がなりたいと発想するのも自然だ。特に、小説を子供の頃から読んで慣れ親しんでいればなおさらである。

オリジナルのものを作る（創作する）ということは、しかし、「労働」だけで評価をされる行為ではない。ここが重要である。ただ文字を書くだけの作業ではない。既にある話を書き写すのではないし、また似ているものも非難を受けるだろう。新しさがなければならない。そのうえ、大勢に受け入れられる要素がなければならない。絶賛してくれる人が10人いてもしかたがない。文句を言われながらも、何千人、何万人という人たちに出費をさせるだけの魅力が個々の作品に必要なのだ。この部分が、なかなか具体的なノウハウとして文章化できないところでもある。

それは、一般的には「才能」という言葉で片づけられているものだ。しかし、僕はそうは考えていない。どちらかというと、「思考力」や「発想力」に近い。それも才能ではないか、と言われるかもしれないが、才能がなければ、時間をかけて考え、発想するまでひたすら待てば良い。スポーツや音楽や演劇などではこうはいかないが、文章を書く場合には、時間で解決できるということだ。もともと短時間でできる行為だから、時間的余裕もある。

スポーツでは、同じ距離を走って時間が短い方が勝者になるが、小説家は、執筆時間が短くても長くても、原稿料や印税は同じである。したがって、ある程度の思考力と発想力さえあれば、才能の有無はほとんど関係がない。これは、スポーツではなく、仕事なのだ。仕事という行為は、基本的に多くの人々に可能なシステムが構築されている。向き不向きはあっても、できないという人は少ないだろう。

しかし、逆に、普通の仕事ではありえないような特性もある。仕事は、普通はいくらで引き受けましょう、といった具合に労力や成果に対して支払われる額が決まる。その契約をしてから仕事をするわけだから、原稿料は普通の仕事の賃金と同じだ。つまり、これからする仕事の報酬がわかったうえで引き受ける。しかし、印税はそうではない。いくらもらえるのか、未来のことはわからない。これは、企業等が製品を発売するときに類似している。人気が出て大量に売れるか、それとも売れなくて撤退となるのか、で事業の成功・不成功が決まる。つまり、賃金というよりは、投資に近い感覚の仕事といえる。

本章の最初に挙げた1作品の印税収入でもわかるとおり、小説家は過去の仕事に対して報酬をもらえる職業である。しかも、作家本人が死んでも、本が売れ続ければ遺族に印税が何十年も支払われる。こういった仕事は珍しいだろう。他分野で似ているものとして特許がある。著作権も特許権と同じ性格のものだが、特許よりもずっと保護される期間が長い。

小説は芸術なのだな、とときどき思い出すのである。

第2章 その他の雑収入

名前や顔を売る仕事？

小説家は執筆業なので、原稿料と印税が主な収入である。しかし、昔とは違って、あらゆる職業がマルチになっている。人気作家ともなれば、TVに出演したりして、タレントとして活躍する人もいるだろうし、さらには、映画を作ったり、役者になったり、と別のジャンルへ進出する例もたびたび耳にするところだ。

本章では、原稿料や印税以外にどのような収入があるのかを紹介する。「その他の雑収入」と章題に掲げたが、作家の中にはこちらの方が割合が多いという人もけっこういるようだ（作家だけでは生計が成り立たない、という例を含めれば、大半といっても良いかもしれない）。

名前が知れる、あるいは顔を知られれば、いろいろ稼ぎ口が生まれる。そもそもが人気商売なので、人気が出て有名になれば、商売もやりやすくなる。小説家になるような人の多くは、人気者になることを目指している、といっても良いだろう。

僕の場合は、少し事情が違う。正直に書くが、僕は有名になりたくないし、顔も知られたくない。そういう引き籠り性の人間である。

一般的には、ほとんどの小説家志望の人は、有名になりたいという願望を持ってこの世界に入ってくる。だから、そういった価値観にこの業界は支配されている。デビューしたての頃、僕は大変困った。サイン会をしてもらいたい、ポップにしたいので色紙になにか書いてほしい、などと次々と頼まれる。インタビューを受ければ、写真を撮られるのは当然という雰囲気だ。新聞に本の紹介を載せたいから顔写真を送ってくれ、と言われて、写真は困ると断ったところ、記事も載らないことになった。ようするに新聞は、本を紹介したいのではなく、作家の顔を紹介したい、ということなのだ。

最初は自分のことがよくわかってもらえず、しかたなく嫌々やっていたが、少しずつ自分の自由を獲得していった。写真は出さないようにしたし、サインも一切しない。きちんと説明をすれば、そういうことは許されるのである。

しかし、ビジネス的にはいかがか、ということはある。顔を売った方がチャンスが大きくなる場合もあるだろう。僕のように、マイナのままで良いというスタンスは、たしかに効率的には損だ。しかし、そういう人間なのだからしかたがない。そもそも、僕は若い頃から小説家になりたいなどと考えたことが一度もなかった。もしかして、人生を誤ったのだろうか。

講演会とサイン会

そういった個人的事情はさておき、ここで紹介する雑収入は、僕の場合はほんの僅かな割合にすぎない。そういった仕事をできるかぎり避けているからだ。依頼は沢山来るが、9割以上を断っている。これらをすべて引き受けたら、(僕の場合は)執筆に支障が出て、メインの収入を減らすことになりかねない。

最初に講演料を取り上げよう。小説家が「出演」するイベントとしては、「講演」が最もシンプルであり、また作家に相応《ふさわ》しい仕事といえるかもしれない。作家になると、この「講演会」というイベントで話をしてくれという依頼が来るようになる。本を読んだ読者は、それを書いた作者がどんな人なのか見たくなる。そういうものらしい。

普通は、講演会よりもサイン会などが手軽に企画され、多く開催されるだろう。サイン会は書店で行われることが多い。新刊が出たときなどに、その本を書店で買った人に対してサインをする。ファンはサインが欲しいから、そこで本を買うわけだが、作家は特に報酬もなくこれを引き受けているようだ。謝礼が出ることもあるけれど、多くてもせいぜい10万円くらいである。これは出演料といえるかもしれないが、僕にしてみたら、文字を書きつつ人と会話をする「労働」である。なにしろ、100人もファンが集まれば、サインをするだけで1時間では済まない。僕は文字を書くのが苦手なのだ。

サイン会は、出版社の広報部（営業）と書店が企画するものだが、いったい誰が得をするのかよくわからないイベントである。もちろん、そこにたまたま来ることができた読者は得をするが、せいぜい100人だから、もし1万部売れる本であれば、僅か1%の客にだけサービスしたことになる。書店は、本が100冊売れるが、この利潤は数万円だろう。出版社の人もスタッフとして駆けつける。みんな仕事をしたつもりになっているのだが、宣伝効果はほとんどないといって良い。ただ、書店の店長が、作家を呼ぶ力があると誇示できる、というくらいがメリットである。

僕は、サイン会ではあまりにも非効率であるので、名刺交換会というイベントを何度かやった。これだと、名刺を交換するときに相手の顔を見て話ができ、顔を覚えることもできる。サインよりも短時間で済むので、300人くらいでも可能だ。ファンサービスとしては、こちらの方が有意義だと思われたので、サインをせず、名刺を交換する作家になったわけである。ただ、もちろん、基本的に無料奉仕である。

講演をするといくらか？

さて、講演会に戻るが、前述したように、僕は1時間40万円の講演料で依頼を受けている。1時間半であれば60万円だ。この金額をいただいて、大学とか図書館の主催で講演会をしたことがある。ただし、例外として、ファンクラブが主催するもの、つまり聴講者がファンクラブ会員である場合には、講演料を取らないと決めている。

森博嗣のファンクラブは、「森ぱふぇ」という名称で、ネット上で活動をしている。正式名称は、「森博嗣ファン倶楽部」で、英語では「Perfect Readers Association of Mori's Mysteries」、つまり「森博嗣作品の完全読者の会」みたいな意味だが、これを「森ぱふぇ」と略している。入会金・会費は無料で、メールで名前と住所を登録するだけで会員になれるため、現在1万5000人以上の会員数になっている。このファンクラブが主催した講演会をもう何度も引き受けていて、2008年に引退したあとは、それ以外からの講演依頼はすべてお断りしている。引退後にファンクラブが主催した講演会は2回で、いずれも300人の聴講だったが、希望者が多く抽選になっている。それから、無料で引き受けていると書いたが、実は、ファンクラブのスタッフから少額をいただいている。固辞しても、どうしてもと言われて折れている結果だ。これは、車代として会計処理している。

ファンクラブの場合は講演料は無料、と決めていたので、主催者が40万円は出せないという場合は、ファンクラブと共催して、聴講者の半分をファンクラブ会員にする手がある。このような講演会が数回あった。たとえば、大学の文化祭とか、あるいは、大学主催、学会主催のような場合だ。大学とか学会というところは資金がない場合が多い。僕自身が所属していた日本建築学会でも講演をしたことがあるが、このときは、僕自身が学会員だったため、困ったことになった。「会員が講演をするときの講演料」というものが非常に安く規定されていたのだ。しかたなく（つまり、自分のルールを堅持するために）、このときもファンクラブとの共催で乗り切った。

講演料は、普通は交通費とは別である。講師に遠くから来てもらう場合には交通費だけでなく宿泊費が必要になるし、時間も取らせるわけだから、それも加味して金額が設定されるのが一般的だ。

僕は、学会などのスタッフを何度か経験しているが、こういったイベントでは、講演会がつきもので、なるべく著名な人を呼んで場が盛り上がるように苦心することになる。TVで顔を見るようなタレント的な人物は、1時間の講演で100万円くらいは必要になる。それくらいが相場なのだ。もっと一流の人であれば、さらに高い。講演料というのは、普通は講演者側の言い値だが、依頼するときには、懐《ふところ》事情を説明し、この金額でなんとか、と頼み込むこともしばしばある。たいていの場合、少しくらいは負けてくれるものだと聞いた。しかし、講演で稼ぐような人物は、事務所に所属していることが多く、本人の取り分だけではなく、事務所がマージンを取るので、余計に金額が高く設定されているようである。森博嗣は、秘書もマネージャもいないので、そういうことはない（後述するが、ウェブサイト管理のための「仮想秘書」を1人雇っているが）。

話すだけで何十万円ももらえるなんて良い仕事だ、と思われるかもしれないが、講演を録音して、これを文章に起し、本として出版することもできる。話したことも、著作権が生じる。もし本になれば、その印税は講演料よりはずっと高い。特に、講演料が高い有名人だったら、本もそれだけ売れるから、何倍にもなるはずである。

経験した講演会のうち珍しかったのは、関東の大学が主催した鉄道模型関係のイベントで行われたもので、これは小説家としてよりも、模型愛好家としての依頼だった。小説の話をするのではなく、鉄道模型に関する講演だ。しかし、模型愛好家として講演を依頼されたわけではない。あくまでも模型の好きな小説家という立場である。僕自身、模型関係は趣味なので、仕事ではない。仕事でなければ、講演など引き受けるつもりはない。主催が大学であり、ご多分に漏れず講演料が出せないようだったため、結局ファンクラブとの共催になり、小説の話も絡めて適当にしゃべった。

トークショーというものもある

1人で話すのではなく、2人で話すとか、司会のようなきき手がいて、インタビューされるような場合もある。それを大勢が聴いているまえでする、というイベントだ。公開対談とか、トークショーなどと呼ばれる。これは、講演とはちょっと性格が違い、たいていはなにかのプロモーションで行われる宣伝活動の一環で、講演料は出ない。10万円程度の謝礼が出れば良い方である。こちらとしても、話す内容を考えていく必要がないし、資料を用意するようなこともないので、料金が低いのも頷ける。ただ、そんなプロモートがどれくらい効果があるものか、という点は大変に疑わしい。たぶん、そうしないとマスコミに取り上げてもらえないのだろう。舞台に立っている原作者の「絵」が欲しい、ということだと思われる。それでも、マスコミに取り上げてもらったら、どれくらい売行きが伸びるのか、その効果は具体的に分析されることはなく、大いに疑わしいところだ。わざわざ出ていかなくても、つまり、やってもやらなくても変わりがないのではないか、と僕は確信している。

たとえば、映画『スカイ・クロラ』のプロモーションで、押井守監督と2人でトークショーをしたことがある。そのうちの一度は、書店の社長ばかり150人くらいが聴講者だった。これは、なにか利権が働いた結果といえるイベントだったのだろう。また、なにかのフェアでも同様のトークショーをした。聴いていたのは、たまたまそこにいた人たちである。そこに来た人はファンだから、そのイベントがなくても映画を見たと思う。つまり、宣伝としては、無意味とまではいわないものの、効果は薄い。

ラジオ局のスタジオで漫画家と公開対談をしたこともあるが、これは、文字に起して僕の本に収録するためのものだった。こういうときは、来ていただいた対談相手には謝礼が出て、僕自身は、本の印税をいただくことになる。

インタビューを受けたらいくら？

次に、インタビューについて書こう。インタビューは、誰が企画しているのか、よくわからない。雑誌から依頼される場合が多いけれど、出版社が雑誌社にお願いしていることもある。多くの場合、それは作家には内緒だ。雑誌からインタビューが来たからといって、自分が注目されていると喜んではいけない。出版社が雑誌社に金を払っていることが多い。これは、広告費として処理される。

作家としても、新刊のプロモーションとしてならば、と前向きになるだろう。森博嗣でさえ少しは前向きになることがある。ただ、雑誌のインタビューを見て初めて本を買った、という人はあまり（ネットでも）出会ったことがない。発売するということを告知する程度の意味しかないだろう。けれども、ファンは喜ぶ。作家の声（実際には文字だが）が聞けるからだ。したがって、新しい読者を増やすというよりも、既存の読者へのサービスと位置づける方が妥当だろう。

こういったインタビューは、原稿料は出ないことが多い。録音から文章に起したライタが原稿料をもらっているはずだ。この作業は相当大変なものだと想像する。自分でやった経験はないが、話していることをなんて、そのままでは文章としてほとんど使い物にならない。ライタの構成力が問われる作業である。

インタビューは無料か、数万円の謝礼が出るだけだ。消費する時間やそれに対する効果を考えると、仕事として生産的だとは思えない。

話をするのではなく、メールで答えるインタビューも最近増えてきた。この場合、文章に起す作業がなくなる。作家が自分で書くのだから、論点も狂わないし、間違いがない。これからはもっと増えるだろう。これに対しては、原稿料としてもらえる場合と、謝礼だけの場合があるようだ。掲載される媒体によって料金もさまざまである。また、コンテンツの著作権が質問者にあるのか、回答者にあるのか、という点も不明な場合があるだろう。

取材を受けたらいくら?

インタビューではないが、取材料としていただく場合もある。たとえば、書斎の写真を撮らせたとか、そんな場合だ。僕は、自分の庭園鉄道(模型の鉄道を庭に作って、毎日それに乗って遊んでいる)の取材を、鉄道模型の雑誌から受けたことがある。このときは、僕が作った模型の写真を撮らせて、質問にも答えた。取材料は5万円ほどだったと記憶している。

TVの番組に出演するようなケースはどうだろうか。残念ながら、小説家として依頼はあるのだが、すべてお断りしている。どうしても、と懇願されて、声だけで出演したとか、手だけ出演したといった例外はある。しかし、模型愛好家としてならば、TVに出たことは2度あって、いずれもNHKだ。一度は、東京のスタジオへ行き、司会者とともに、何人かのモデラの模型作品を見て回るという役目でコメンテータのような立場だった。放映時間は1時間で、ほぼ出ずっぱりだ。このときの出演料は10万円か20万円だったと思う。ずいぶんまえのことなので忘れてしまったが、もちろん作家になったあとのことで、出演依頼が来たのは、小説家としてのネームバリューがあったからだろう。

また、もう一回は、今世紀になってからだが、NHKが趣味人の番組を作るというので、その初回に取り上げられた。このときは3人のスタッフ（ディレクタ、カメラマン、音声相当）が取材に来て1カ月ほどの期間、何日も時間をかけて収録した。出演料は50万円だった。放映時間は僅か30分のことであるが、収録には何十時間もかかっているので、この料金でも安いと思われる。だが、趣味のことなので例外とするしかないだろう。

ラジオやTVに出たらいくら？

ラジオにも、何度か出ている。これはほとんどインタビューを受ける形式のもので、大した出演料にはなっていない。謝礼が出た程度である。

一般に、TVなどの出演料は思いのほか安い。これは、有名なタレントであっても、例外ではない。その番組のレギュラとか看板的な出演者は人気に応じて値段が跳ね上がっていくが、スタジオにただ呼ばれるだけのゲストは、収録に時間がかかる割に出演料は微々たるものだ。TVというのは、出れば自身の宣伝になるという意味があって、皆が出たがっている。そこで顔を売って、別のところで（たとえば講演会とかで）稼ぐための広報活動といえる。

しかし、以前に比べれば、その宣伝効果は確実に低下しているだろう。TV自体がかつてほど大勢が見るものではなくなっている。メディアの一つにすぎない。これは、新聞でも同じで、昔のような絶大な宣伝効果は失われている。

新聞社が取材を申し込んでくることもあるが、僕の場合は、写真撮影をしないことを条件にしているので、ほとんどの場合それでボツになる。顔写真が撮れないとなると、取材をしないのだ。「是非お話を伺いたい」と言ってくる割には、その程度の動機だということである。新聞のインタビューは、謝礼として図書券くらいがもらえれば良い方だろう。向こうは、「宣伝してやる」という上から目線で来ることが多く、「興味があって知りたい」などとは思っていない。

ラジオでもTVでもそうだが、インタビュアがこちらへやってくる場合（つまり、取材）には、出演料はない。こちらから、スタジオへ出向いて話をするときは、出演料がもらえる。そういう仕来りらしい。どちらも、話すことは同じなのに、場所が違うというだけで区別されているようだ。

出演する場合は、飲みものが出たり、弁当が出たりといったサービスもあるが、こちらへスタッフがやってくる場合には、彼らにお茶を出さなければならない（ならないわけではないが、人情的にサービスしてしまう）。今一つ納得がいかない。

森博嗣は、引退してこれらの仕事を一切引き受けないと宣言したので、この頃は静かな毎日を送っている。大変良かったと思っている。

本当に引退したのですか？

ところで、ここまでに何度も「引退」について書いてきたが、そろそろ詳しい説明が必要かもしれない。

作家としてデビューしたのは１９９６年で、来年でちょうど20年になる。当初は、大学にも勤務していたので、夜に３時間程度しか作家として使える時間はない。出版社との打合わせや講演などは休日しかできない。大変に忙しかった。

もともと、大学の仕事に不満があったから小説を書いたというわけではない。ただ、趣味に使うお金が欲しかっただけだ。しかし、あっという間に（デビュー初年から）大学教官の給料よりも多くの額を小説で稼ぐようになってしまった。

あまりに忙しいので、とても躰《からだ》がもたない。もともと体力がない不健康な人間だし、既に40代である。まず、大学に辞表を出したが、その後も数年は引き止められて勤務を続けた。助教授を辞したのは2005年、非常勤講師をしてもう1年勤めているので、大学を辞めたのは2006年になる。このとき、周囲のみんなから、「作家活動に専念するのですか？」と尋ねられたが、僕にはそんな気持ちは微塵もなく、できれば、どちらも辞めたかったのである。

しかし、執筆依頼はひっきりなしにやってくる。書いてしまうと、雑誌に載り、単行本になり、ノベルスになり、文庫になり、と仕事が続く。1年に二十数冊以上の本が発行されていたのだ。デビュー以来、発行した印刷書籍の数を次のページの図－2に示す。

ご覧のように、引退する以前には、毎月2冊以上も新刊が出ていたのである。これを

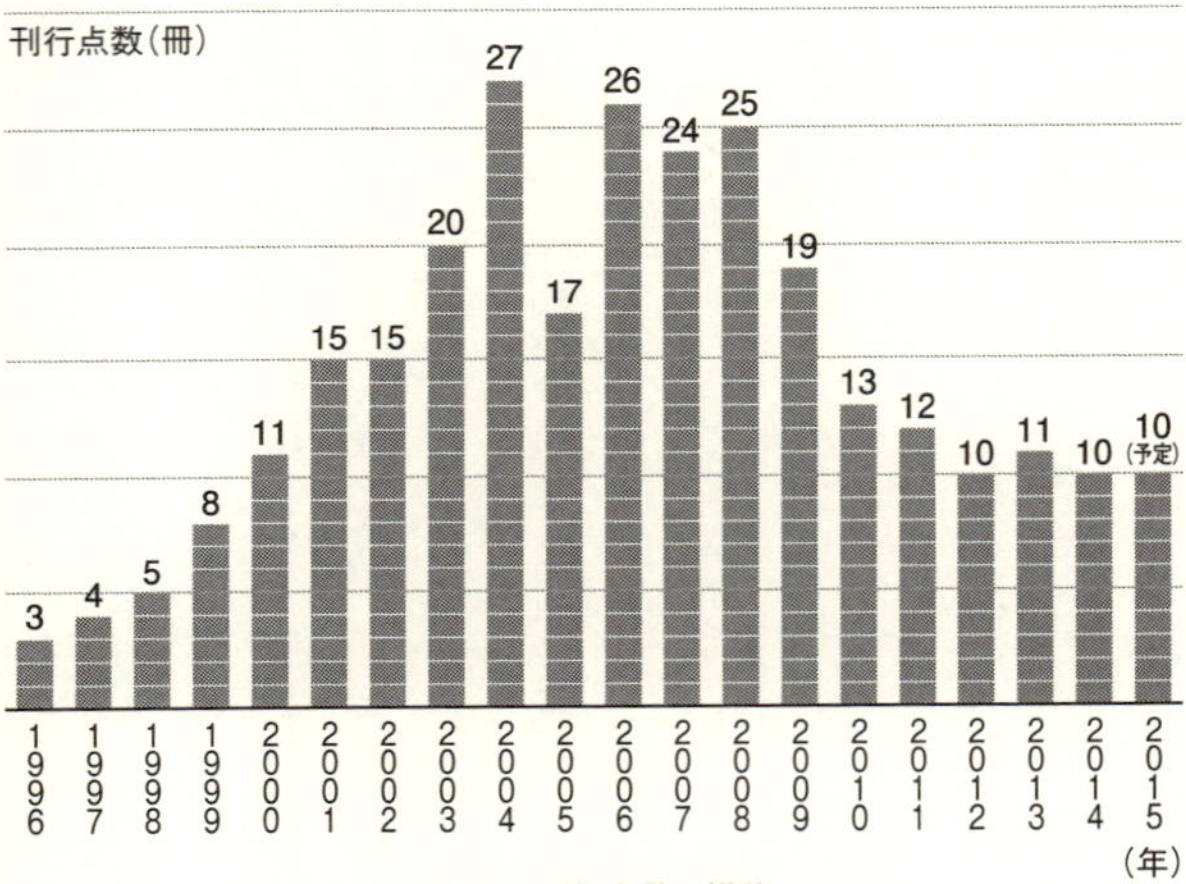

図-2　刊行点数の推移

どうやったら減らせるのか、と考えた結果が「引退」になった。それが2008年末のことである。

自分のHPで、これから書く作品はこれだけです、と発表し、それ以外の仕事は受けない、インタビューも講演も一切受けない、と書いた。作家の協会も脱会し、出版社の編集者とも会わないことにした。2009年は、前年に予定が決まっていたこともあってあまり減らせなかったが、2010年からは、仕事が半減し、引退の効果がようやく表れたといえる。

こうして、1日に1時間だけ小説の仕事をする引退作家になった。現在は、1日のほとんどを遊んで暮らしている。ただ、これまでに稼がせてもらった出版社（特に、そのときの編集者）には「では、さようなら」と簡単にはいかない。ほんの少しだが、依頼を引き受けている。

引退したのだから、きっぱり仕事を辞めるという手もあったし、不可能ではなかったのだが、僕以外の誰もそれを望んでいなかっただろう。その空気があって、なんというのか、妥協はあったと思う。1時間くらいなら趣味として楽しんで書けるかもしれない、とも思った。そういうプラス思考の気持ちで今もいる。もしかしたら小説が好きになるかもしれない、と仄かに期待したりもしている。

引退後は、収入は半減したが、これまでに出した本がまだまだ売れているので、まだ半分も収入がある、あるいは、細々とでも出し続けているからこそ昔の本も売れる、と見るべきだろう。大不況の出版界にあって、実にありがたい状況だと思われる。

ドラマ化したらどのくらい儲かる？

さて、話を戻そう。TVの出演料は、自分がTVに出たときの料金だが、自分の作品がＴＶに出ることもある。小説がドラマやアニメになる場合だ。

幸運にも、幾度かその機会があった。いずれの場合も、著作使用料がいただける。小説がドラマになる場合、１時間の放映に対して50万円くらいの額である。おそらく、あちらの業界でなにかしらの規定があるのだと思う。少なくともいくらにしましょうか、という話し合いはなかった。作家にしてみれば、宣伝になって本が売れるので、いくらであっても、普通は断らないだろう。ちなみに、劇場映画だと、数百万円になる。これがロイアリティとしてまずいただける額だ。その後、ＴＶも映画も、ＤＶＤになったりすれば、その一部が印税として受け取れる。また、その映画が、ＴＶなどで放映されるごとに幾らかいただける。最初の使用料ほど多額ではないが、微々たる額ではない。

さらに、そのドラマや映画などの関連グッズに対しても印税が発生する。こちらは微々たるものといっても良いかもしれない。

映像化されにくいものを書いている

方々で書いていることだが、僕の作品はなかなか映像化されなかった。その理由は、僕自身が映像化されにくい小説を書こうと心がけているからだ。小説よりもビジュアル作品の方が大衆に広く親しまれている。漫画やアニメや映画の方が面白い、文字を読むのは大変だ、と思っている人が大多数なのだ。このままでは、小説はどんどん読まれなくなるのではないか、と心配する声が以前からあった。

僕がデビューした時点でも、既に小説は超マイナな分野だったといえる。当時はゲームが台頭してきた頃で、実際、デビュー作の『すべてがFになる』はプレイステーションのゲームにもなった。小説は読まないけれどゲームなら、という人が多かったのだろう。ちなみに、この場合も、最初のロイアリティと、ゲームの売上げの何%かの印税が発生する。それほど大量には出ないものの、単価が数千円と高いので、まあまあの収入になった。

森博嗣作品が映像化に向かないのは、小説というマイナ分野だからこそ許される、というようなタブー的な展開のものが多いからだ。たとえば、倫理に反するようなことや、道徳的にいかがかといったこと、さらには、わけがわからない、きちんと着地しない、といった「不条理」「異形」も小説ならばできる。マイナ故に自由なのだ。少人数ならば、その新しさがわかってもらえるし、一定のファンはついてきてくれる。漫画でも、雑誌によってはこれはできる。しかし、TVや映画になると、もっと大勢が対象となるため、どうしてもその「棘《とげ》」を抜かなければならない。広く誰にも愛されるもの、大勢が納得するもの、さらにどこからも文句が出にくいもの、を作らなければ商品として成功しないからだ。

一例を挙げると、僕の『黒猫の三角』（講談社）という作品は、1999年に出たVシリーズの第1弾であるが、この物語の主人公は、離婚をした女性で、しかも没落貴族のため、非常に上から目線、口のきき方も横柄、相手によってころころと態度を変える、という大勢から嫌われやすいタイプである。また、別の主要キャラは、男性だが日常的に女装をしている。当時、「男の娘」などという言葉もない。多くの人は受け入れがたい文化だっただろう。

これが、今年（2015年）にTVドラマになった。主人公を演じたのは檀《だん》れいさんだったが、「遊びで人を殺す方が健全だ」という台詞を口にしている。また、女装した男優・千葉《ちば》雄大《ゆうだい》さんも見事だった。こういうものがTVで許容される時代になったのだ、と感慨深く（送られてきたＤＶＤで）見た。16年まえではとても無理だっただろう。

最初にＴＶドラマになったのは？

僕の作品でＴＶドラマに最初になったのは、『カクレカラクリ』（メディアファクトリー）という作品である。２００６年に発行されたこの作品は、日本コカ・コーラ株式会社からの依頼で書いたもので、最初からＴＶドラマになることが前提で、コカ・コーラの１２０周年記念だった。メディアファクトリーを通して来た執筆依頼で、１０００万円で引き受けた仕事だが、これは何と呼んで良いのかわからない料金である。原稿料ではないし、もちろん印税は別にいただいているので違う。しいていえば、「契約料」か「謝礼」だろうか。この作品はＴＶ放映とほぼ同時にメディアファクトリーから単行本が出版され、２年後に講談社でノベルスになり、３年後にメディアファクトリーで文庫になった。出版部数は、それぞれ３万２０００部、３万部、２万４０００部なので、合計８万６０００部。印税は合計で、約８２０万円になった。つまり、印税よりも最初の契約料（？）の方が上回っている。ただ、このときの単行本は、ソフトカバーで１冊

1000円という破格の値段だった。これがもし普通のハードカバーで2000円くらいだったとしたら、もっと印税が高くなっていただろう（部数の少ないノベルス版の方が価格が高く、印税も多かった）。

2時間ドラマで、もちろん単一のスポンサで、コカ・コーラのコマーシャルしか流れない番組だった（加藤成亮《かとうしげあき》さんと栗山千明《くりやまちあき》さんが主演）。シリーズではない小説としては、まあまあ売れた方かもしれないが、劇的に多く出たわけではない。この結果、TVドラマになっても、本の売行きには、さほど大きな影響がないことがわかった。

そんな感想をある編集者に漏らしたところ、「単発のドラマではそんなもんです。やはり連続ドラマにならないと」と言うのだ。連続ドラマというのは、小説でいえば「連載」みたいなもので、毎日とか毎週話が続くドラマのことらしい。あまりTVを見たことがない僕は、そのとき感覚的にもよくわからなかった。

連続ドラマの話が急に来た

西村京太郎や内田康夫のドラマは、僕の奥様（あえて敬称）がよく見ている。彼女は推理ドラマ通といっても良い。毎日見ているのである（その割に、森博嗣の小説には興味がないが）。それで、ときどき話を聞いてみると、やはり、1話完結のものが多く、ただ、同じ探偵がいつも出てくるらしい。そうなると、シリーズものでなければならない。僕の場合、シリーズものは長くても10話程度で終了してしまうので、連ドラにはしにくいだろうな、まず無理だろうな、と考えていた。しかも、そのシリーズの中には、到底映像化できないような小説ならではのトリックもあったりする。

ところが、突然であるが話が来た。昨年（2014年）の8月のことである。10月から連続ドラマをやりたいがいかがか、という問合せだった。『すべてがFになる』を含めた5作をドラマ化したい、というのだ。2カ月まえにそんな話が来るって、なんとなく変である。もしかして、ドラマ化常連の有名作家とTV局の間でトラブルでもあったのか、と勘繰《かんぐ》ってしまったほどだ。

実は、その前年（2013年）に、『黒猫の三角』のドラマ化の話があった。同じTV局だ。また、同時にこのとき、『すべてがFになる』をアニメ化したい、というオファもあった。これも同じ局だった。それで、年が明けて5月だったか、まず『黒猫の三角』の収録が終わり、その完成映像のDVDが送られてきた。もともと、僕は日本のTVが見られないところに住んでいるので、そのDVDを見ながら、「日本の皆さんは、もうすぐこれを見るのだな」と思っていたのだ。そうしたら、8月になって連ドラのオファである。どうも、話が前後しているというのか、事情がよくわからない。

ただ、熱心な話だったし、脚本家が『黒猫の三角』と同じ人（黒岩勉氏）だった。この人ならばまちがいないと思ったので、準備期間が少々短いのが気になったけれどOKを出した。そして、そのとおり、10月から連続ドラマの放映がスタートしたのである。

脚本が来て、そのチェックをする端から、大道具を用意して、収録がある。そしてすぐ放映される、という自転車操業のような感じだったが、TV業界というのはそういうものなのだろうか。でも、少なくとも『黒猫の三角』のときはゆったりしていたではないか、とつい比較してしまう。結局、この連ドラが12月に最終回を迎え、『黒猫の三角』の方は年が明けて2月に放映された。作品の順番としては、それで合っているけれど、何故、さきに作った方をあとで放映したのか、僕にはわからない。

どちらも、なかなかの出来映えで、原作者としてはとても満足している。非常に面白かった。連続ドラマの『すべてがFになる』では、主演の綾野剛《あやのごう》さん、武井咲《たけいえみ》さんも良かったし、脚本も原作を上手にアレンジしていた。TVで流しても良いぎりぎりの部分もあったけれど、今はもうこれくらいまでは大丈夫なのだな、と確認ができた。また、「なるほど、こうすれば大衆受けするのか」ということもわかった（やるつもりはないけれど）。

なにしろ、19年もまえの作品なのである。多くのファンが、「どうして今さら？」と感じたことだろう。でも、ドラマはファンのために作られるのではない。番組制作者は、もっと大勢の視聴者を対象にしている。ちょっと計算すればわかるが、原作の読者は、多く見積もっても視聴者の数%にすぎないのだ。

連続ドラマの宣伝効果はどれくらい？

この連ドラの告知以前には、『すべてがFになる』から始まるシリーズ10作の合計発行部数は350万部だった（だから、ドラマの広告でも「累計350万部の人気シリーズ」と紹介されていた）。それが、今年になって、アニメ化の告知がされたときには、その数が385万部になっていた。35万部も増えたのだ。僅か半年間で、19年間の総部数が一割増しになった。もちろん、まだ増える可能性はあるが、TVドラマは終われば、話題にはなりにくい。映画とは違って、影響は長くは続かないはずだ。ただ、今年（2015年）には同作がアニメになる。その告知が先日あったばかりだ（この影響か、既に5万部増えている）。アニメは30分ものが11回放映される（「連続アニメ」というのだろうか）。どれほどの影響があるのか、今から楽しみである。本書にその数字が書けないのは残念であるが。

ところで、これまで日本の人口の中で350万部売れていたものが、ドラマの影響で10％増えたわけだから、視聴率10％という数字ともほぼ一致している。つまり、作品の存在を知って本を買う人の割合が一定なら、19年で告知されただろう全人口と、TVを見ていた人数の比率になるわけである（もちろん、そんな簡単な話ではなく、単なる仮説というか概算にすぎないが）。どちらにしても、ドラマを見ている大多数は、原作の既読者ではない。具体的に数字を挙げると98％以上が原作を読んでいない人たちになるだろう。

連続ドラマと単発ドラマの比較

35万部というのは、印税にすると約３５００万円であり、さきに挙げたドラマの放映料（1時間につき約50万円ほどなので、連続ドラマ10回であれば、約５００万円）を合わせると、約４０００万円の収入になった。さらに今年になって、海外でのドラマ版権代として原作使用料70万円ほどが振り込まれていた。僕としては、ただ脚本をチェックする仕事があっただけで、それを除けばほぼ不労所得といえる。

これと比較するために、単発のドラマだった『黒猫の三角』の数字を挙げてみる。こちらは、２時間ドラマなので、放映料は１００万円ほどになる（連ドラの5分の1）。また、ドラマ化に当って、文庫が2回重版になり、1万２０００部が増刷された。『すべてがＦになる』ではシリーズのうちの5作がドラマになり、その影響で同シリーズの残りの5作も売れた。一方『黒猫の三角』の方はこの1作だけに影響が限定されている。印税への効果は約30分の1である。これが、単発ドラマと連続ドラマの差ということになるだろうか。

おそらく、ＴＶやその周辺で話題になる期間の差が最も大きいだろう。また、連ドラになるとTV局が力を入れて宣伝をする、ということも多少は影響があるかもしれない。1日限りの放映ならば、せいぜい1週間ほどしか人々の記憶に残らないのに対し、10週間も連続で放映されれば、その10倍の時間効果が持続する。書店にも、ドラマ化本のコーナに積まれている期間が長い。印税への効果は30倍だが、期間が10倍なのだから、実質は3倍の差ということになる。また、放映時間で割れば、6倍の差になる。

もう一例、TVでドラマ化されたのが、『奥様はネットワーカ』（メディアファクトリー）だ。これは、ドラマというよりは、再現フィルムのようなもので、クイズ番組（推理番組というのか）で、ドラマ仕立てにして、この映像を見てスタジオのタレントたちが犯人を当てる、という内容だった。ドラマは30分ほどの長さだったと思う。このときは、放映料として30万円ほどいただいた。やはり、時間に比例しているようである。そして、この番組の影響で、本が売れるという現象はほぼ観察されなかった。増刷もしていない。これはやはり、番組のタイトルになるようなドラマ化との違いといえるだろう。

表-3　『スカイ・クロラ』の発行部数の推移

年	単行本	ノベルス	文庫
2001	43,000		
2002	0	40,000	
2003	0	0	
2004	0	0	45,000
2005	3,000	0	0
2006	3,000	0	0
2007	6,000	3,000	45,000
2008	11,000	3,000	113,000
2009			14,000
2010			15,000
2011			0
2012			5,000
2013			5,000
2014			0

アニメ映画の影響力はどれくらい？

さて、次は映画である。僕の場合、実写で映画化された作品はない。かなり高名な監督で映画化をしたいといったオファはあったが、実現していない。ところが、あるときアニメ化の話があって、「かまいませんよ」と返事をしていたところ、数年あとになって、それが押井守監督で制作したい、と話が膨らんだ。これにはさすがに少し驚いた。押井守の作品を僕は高く評価していて、以前からファンだったからだ。したがって、「まあ、絶対に実現しないだろう」とそのときは感じたものである。

まず、押井守監督のアニメ映画になった『スカイ・クロラ』で、原作がどんな影響を受けたのか、その部数の推移を見てみよう（前ページの表－3）。

映画の告知があったのは、2007年、公開は2008年だった。増刷に影響が出ているのは2007年からで、特に文庫で大きな影響が表れている。アニメと同じ表紙になったノベルス版は2年で6000部の増刷なので、それほど大きなセールスとはいえない（ノベルス版は、もともと鶴田謙二《つるたけんじ》氏のイラストカバーだった。部数的にはこちらの方がずっと多い）。注目すべきは単行本の増刷数が予想外に多かったことで、これはカバーデザインが受け入れられたものと思われる（鈴木成一氏による、かなり斬新なデザインだった）。

この作品では、映画が告知されたのは出版の6年後だが、その6年間で売れた13万4000部に対して、その後の部数は22万部と圧倒的に多い。さきほどの連続ドラマは10％増の効果だったが、こちらは164％増になる。

さらに、この『スカイ・クロラ』もシリーズものの第1作で、ほかに5作の続編がある。これらも販売数が伸び、映画の影響と思われるセールスで、シリーズは合計100万部を突破した。特に、値段の高い単行本で数が出ているため、映画化で得られた印税は、ほぼ1億円にもなった。

164%増という数字は、母数が少ないことによる。もともと売れていないシリーズだったのだ。それから、やはり押井守というブランドが普通ではない、ということが大きい。DVDは海外でかなり売れていると聞く。また、TVでも何度か放映されている。そのたびに印税収入が原作者にもたらされる。この映画に関係した人で、1億円も得をした人がいるだろうか。

売れない作品も捨てたものじゃない

『スカイ・クロラ』を書いたときには、自分ではこれが限界だと感じた。つまり、これ以上のものは書けないだろうという意味で、最高傑作だと確信した。しかし、さきほどの数字を見てもらえばわかるが、単行本もノベルスも文庫も、初版のあとはゼロが続いていて、なかなか増刷にならなかった。自分で良いと思っても、売れない。自信作というのは、往々にしてこういうものらしい。それが、アニメ化のおかげで息を吹き返したというわけだから、実に幸運だった。

ところで、『スカイ・クロラ』のアニメ化のオファは、2003年頃のことで、そのときにはシリーズの2冊めもまだ出ていなかった。僕も、売れないことは薄々わかっていたので、シリーズとして書かせてはもらえない（続けて書いてくれという依頼がない、の意）、だから1冊だけ書くならば最終話にしよう、と考えて、時系列の最後の部分を書いたのが『スカイ・クロラ』である。そこへ、アニメ化の話が来たので、出版社からもプッシュされ、残りの5冊を書くことになった。結果的に、映画が完成するまでに5年もかかり、その間にシリーズが出揃って、非常に効率的なセールスになった。このマネージメントは、僕自身が計算したものだが、こんなに上手くいくことは滅多にないだろう。

「関連グッズ」というものもある

ドラマは、単発の2時間ドラマと連続ドラマの両方を経験したので、だいたいの経済効果はわかったが、映画については、押井守のアニメしか例がない。押井守はビッグネームなので「特例」だったと思われる。一般的に、映画化するとどれくらいのセールルスがあるものかわからない。なにしろ、こういったことをしっかりと「いくら儲かりました」と語る人が非常に少ないからだ。映画の興行成績などの数字は出ても、個人としていくらの収入になったのか滅多に公開されない。

この映画『スカイ・クロラ』のときには、沢山のグッズが発売になった。キャラのフィギュアも出たし、飛行機のフィギュア、そしてプラモデル、さらにはソリッドモデルなども発売になった。また、フライトジャケットとか腕時計も登場している。それらの主立ったものは、原作者に見本が届いたし、自分で買ったものもある。飛行機のモデルなどは、昨年（2014年）になってもまだ新製品が出ていて、ブームというよりも定着したサブカルとなっている。

それに比べると、TVの連続ドラマではそこまでのブームは作れないようだ。記念で発売されたのは、マグカップとお菓子（ゼリィ）くらいだった。これは、許可を求める連絡が来たので知っているのだが、実際に販売されたかどうかは確認していない。いちおう印税が生じて、詳細な数字は覚えていないが1%くらいだったのではないか。実際に、振り込まれた金額は数百円だった。つまり、数万円は売れたということだ。買った人がいるのである。頭が下がる。

さらに映像化の影響として

『スカイ・クロラ』のヒットのおかげで、たとえばこんなオファもあった。それは、パチンコ台にしたいというものだ。どういうことか、パチンコをしない人（僕もだが）にはわからないだろう。つまり、『スカイ・クロラ』の絵が入ったパチンコ台を作りたい、ということらしい。著作使用料が生じるが、主にアニメのキャラをデザインした人のものではないか、と感じる。しかし、ここでも原作の著作権が生きていて、ロイアリティとして僕にも500万円ほど入るという条件だった。「パチンコ台はちょっと嫌だな」と思う人がいるらしく、原作者がOKしない場合もあるそうだが、僕は、特にそういった感情は持たなかったので、かまいませんよ、と答えたが、結局、この『スカイ・クロラ』のパチンコ台は実現しなかった。誰かが断ったのか、それとももっと人気のある作品が採用されたのか、詳細は知らない。

『スカイ・クロラ』は、その後、ゲームにもなった（『スカイ・クロラ　イノセン・テイセス』Nintendo Wii用)。これは、空中戦のゲームとして一世を風靡した『エースコンバット』シリーズを作ったバンダイナムコが制作したもので、見本をいただいたので、僕自身プレイしてみた。それに、このゲームがさらに漫画になったりもしている。ただ、それほど大きなセールスにはならなかったのだろう。僕自身もいくらもらったのか記憶がない。あの当時は、いろいろな副収入があって、振り込まれる金額をいちいち確認していなかった。額が大きければ覚えていたはずである。

小説はたった1人で作れる

ゲームを作るときに、制作チームの人と話をしたり、メールのやり取りをしたりしたが、大勢が関わっているし、脚本を書いて、絵を作って、音や声も入れて、と作業量が膨大だと感じた。思ったのは、「よほど大きく当らないかぎり、ゲームでは元が取れないだろう」ということだった。つい、自分一人だけで作れてしまう小説と比較をしてしまう。

これは、もちろん、アニメ化のときにも大いに感じたことだった。大勢が長期間その作業に携わり、それを回していくためには莫大な資金が必要だ。それなのに、出来上がったものは、映画館なら1人2000円程度で見ることができるし、DVDになっても数千円だ。小説の単行本とそれほど値段が違うわけではない。何百倍もの人件費と制作時間がペイされるためには、それだけ大勢が見なければならない計算になるが、はたしてそんな大量動員が可能だろうか？

小説は、1万人が買えば商売として成立する。10万人が買えばベストセラである。しかし、映画は100万人が見ても、成功とはいえない。もう1桁上なのだ。エンタテインメントは、どんどん多様化していて、昔のように大勢が同じものを見る、という時代ではない。これから、どんどん難しくなっていくだろう。逆に言えば、小説のマイナさは、ここが強みだということ。

オファだけならいろいろ来る

これまでにも、僕の作品を映画化したいというオファは10件はあった。そのうち、『スカイ・クロラ』だけが実現している。ほかは、企画の段階でポシャッてしまった。

森博嗣作品では大当りは無理だ、スポンサが集められない、というまっとうな判断だったのではないかと想像する。そのとおり、そのマイナさを売り物にしているのが、森博嗣なのだ。

ＴＶ関係で、コマーシャルのオファが来たこともある。これは、とある企業のイメージ宣伝のようだった。つい数年まえのことだ。森博嗣は写真も公開していないので、顔出しはできません、と断ったが、僕が書いた文章と、直筆の文字が欲しいとのことだった。提示された金額は５００万円である。

たとえば、有名作家がＴＶコマーシャルに出ているものがあるだろう。最近は滅多にないのかもしれないけれど、かつては、遠藤周作《えんどうしゅうさく》とか開高健《かいこうたけし》とか、いろいろあったのを覚えている人も多いはずだ。ただコーヒーを飲むだけとか、釣りをしているだけ、みたいなシーン。一言呟く場合もある。聞いた話では、ああいったコマーシャルは何千万円という額になるらしい。その額だったら、僕だって顔くらい出すか（冗談です）。１行の文章を書くだけで５００万円なのだから、それくらいの金額も驚くほどではないだろう。この、コマーシャルの話は、もちろん実現していない。だいたい、森博嗣は、手で文字を書かないことで有名なのである（もう30年以上、キーボードのみ）。

作家に宣伝価値はあるのか？

漫画の場合は、人気が出ればキャラクタがあらゆる宣伝や製品に利用されるので、作者には大きな収入になるが、小説には絵がないし、そもそもそれほど人気が出るものではない。基本的にマイナなので、この方面では向いていない。

作家についても同様、どんどんマイナになっているわけだから、昔ほど作家がスターではなくなっている。作家に限らない、そもそもスターがいない時代になったといっても良い。どの業界を見回してみても、日本人のほとんどが知っている「顔」というのは、もう存在しないのだ。一般の方に、日本の小説家を挙げてもらえばわかる。1位になるのは、夏目漱石だろう。

パチンコ台もTVコマーシャルも5000万円だったことを思うと、コカ・コーラの1000万円は大盤振る舞いだったと言わざるをえない。でも、小説を1作書くことに腰を上げさせるには、それくらいの金額が必要だろう。5000万円だったら、たぶん断っていたと思う。シリーズものを書いた方が売れるからだ。その方が印税が多くなるはずである。

もちろん、時代もある。企業は、常に宣伝方法を模索している。いろいろな媒体で、宣伝効果が落ちている。TVも新聞も昔のような宣伝効果は望めない。雑誌などは発行部数自体が落ちる一方だ。そもそも、世の中の人は、巷《ちまた》に溢れるコマーシャルを見過ごすことに慣れてしまった。「ああ、宣伝ね」とすっと視線を逸らせる。もし、目を引く面白い宣伝があって、一時的に話題になったとしても、それが何を宣伝していたのか、という点は記憶から欠落するだろう。したがって今では、マルチに、細かく刻んで宣伝を打たなければならなくなった。どのメディアもマイナになってしまったのだからこうするしかない。難しい時代といえる。

教育目的ならば自由に使える

マスメディア以外でも、作品が利用されることがある。それは入試や問題集、そして教科書である。それ以外で、たとえば普通の雑誌などから、貴方の作品を載せたい、というようなことはまずないだろう。それを願い出るくらいなら新しいものを執筆してほしいと依頼してくるのが普通である。また、出版された本を紹介する、という場合は、いちいち連絡してこない。厳密には、本のカバーの写真を掲載するのも、著作権に絡むそうだが、慣習として書影（本の外観）は自由に使えることになっているようだ。

さて、入学試験の問題に作品の一部が引用されることは、僕の場合、かなり以前からあった。こういったものは、事前に許可を取ると情報が漏洩する可能性があるため事後承諾である。しかも著作使用料を支払わなくても良い。したがって、事後、原作者に連絡をする必要もない（連絡するのがマナーだ、という意見もあるが）。

入試ではないが、たとえば、普通の試験（中間テストとか期末試験とか）で、作品を引用することも自由だ。これも無料。また、授業で資料として使っても良い。教育に利用するならば、著作使用料は基本的に無料である。たとえば、ＴＶ番組を録画しておいて、これを授業で見せても良い。許可を取る必要もない。試験問題の引用も、教育関係での利用ということで、著作権の侵害にならないと規定されている。ただ、正確には、「必要と認められる限度内で」という但し書きがあって、なんでもありというわけではないようだ。たとえば、ウェブサイトのコンテンツを先生が授業で使う場合は、承諾を得る必要があるらしい。もちろん、学生がレポートを書くためにウェブの情報を無断で利用することも認められていないので、くれぐれもご注意を。

入試問題に作品が引用されるのは、多くは国語の問題である。まず、長文が書かれていて、それに対して設問がある、といった形態のものがほとんどだ。このとき、その引用文がどんな作品で誰が書いたものかを記すことがマナーになっている（普通は明記されている）。

その問題を作ったのは、多くの場合、学校の先生であって、もちろん作者に相談をしたわけではない。それなのに、「ここで作者は何を言おうとしているのか？」みたいな設問がたまにあったりする。作者としては、「べつになにも言おうとしていない」と密かに思うのだが、国語の問題というのは、作者の意図ではなく、出題者の意図を想像して答えるものであるから、そのあたりは頭を使って考えるのが常識的学力というものだろう。

試験問題の公開では作者の承諾が必要

さて、試験問題に使うのは自由なのだが、前述したように、これを公開するときには、著作者の承諾を受ける必要がある。試験問題を公開するのは、近頃どの学校でもほとんど行われている公式行事となった。無料で配布するにしても、ウェブに掲載するにしても、勝手にはできない。作者の承諾を得て、そのうえで必要であれば著作使用料を支払って、ということになる。

また、その後に問題集になるときにも、そのつど承諾が必要となり、問題集の売上げの一部が、印税率で計算されて、原作者に支払われることになる。したがって、問題集を何部印刷したかを報告し、増刷があればそのつど印税を支払う必要がある。

承諾を得るのは、面倒な事務手続きである。書類が出版社へ行き、作者に転送され、印鑑を捺して返送しなければならない。そんなことだったら、著作権フリーの文章を使って出題すれば良いではないか、という話になるが、古い文章では、「現代国語」ではなくなる可能性がある。日本では著作権は、作者の死後50年保護されている。また、古い作品から引用すると、過去に出題されたものと被るリスクがある。昔の問題を使ったのか、と非難される事態になりかねないので、出題者はこのリスクを避けたい。すると、自然に新しい作品を使わざるをえない。その年に出たものならば、少なくとも昨年までの問題をすべてチェックする手間が省ける。僕は、実際に大学の入試問題を何度も作った経験がある（国語ではなく数学だったが）。とにかく、まず過去の出題例にすべて目を通す作業から始まるのだ。国語の問題は、新しい作品から引用するだけで、その労力をなくすことができる。

教育関係の著作使用料は？

試験問題ではないが、教科書に作品が採用されることもある。新潮社の雑誌に発表した僕のエッセィが高校の国語の教科書に掲載されたことがある（現在も使われている教科書だ）。この場合も、教科書の部数に価格と印税率（通常は5％程度）と頁占有率（教科書全頁のうちどれくらい文章が占めているか）を乗じて印税が計算される。教科書は毎年使われるので、毎年印税がいただける。さらに、その授業を行う先生たちが読む指導要綱のような本があって、そこにも文章が掲載されていれば、印税が発生する。

この教科書の文章が、塾や予備校で模擬試験に使われれば、その問題を公開するときに承諾と著作使用料が必要になる。

これらの著作使用料は、一つ一つは少額であるが、数が多くなり、年々累積すると、けっこうな額になる。ここ数年、僕は1年に50万円ほどいただいている。ただ、承諾書に捺印して送り返す事務手続きは大変面倒だ。少しずつネットでの処理が可能になっているので、メールで書類を送り、メールで返答するといった具合にしていただきたい。今はまだ、半数以上が封筒と手紙で届く。

取材旅行は作家の特典なのか?

さて、いろいろ書いてきたが、作家の収入については、だいたいこんなところだと思う。なかには、ファンから貢《みつ》がれたりする作家もいるかもしれないが、僕はそんな経験はない。また、たとえば、自分が持っている株に関連した企業の小説を書いて、株価を上げたりすることができるかもしれないが、これは証券取引法違反だろうか。おそらく、株価に影響を与えられるほど表現力豊かで影響力のある作家ならば、それ以前に充分に稼いでいるだろう。

収入ではないが、「特典」というのか、そう呼べるものは幾らかある。

たとえば、取材旅行などがそうだ。これは、小説を書いてもらうために、出版社が企画するもので、僕も海外取材の経験が4回ある。いずれも、僕の奥様も同伴した。その2人分の旅費、宿泊費、食事代などをすべて出版社が出してくれた。僕は、どこへ行っても土産物は買わない。買うのは、模型店で売っている店主の自作品くらいだが、これはさすがに自分の金で買う。

行ったのは、イギリス、フランス、スイス、イタリア、そして台湾である。まだ、出版不況と大きく騒がれるまえのことで、飛行機もファーストクラスだったし、ホテルも一流、レストランも5つ星、みたいなゴージャスな旅行だった。それで、取材をして何を書いたのか、というと、確かな記憶がない。ようするに、はっきりとした契約が事前にあるわけではなく、むしろ作家へのボーナス的な意味合いなのだろうか（と勝手に解釈しているが、叱られるかもしれない）。

海外ではなく、国内の取材旅行も方々へ出かけた。地方の遊園地を巡ったりしたのだが、これは何を取材したのか、まったく作品に活かされていない。取材ではなく、札幌とか長崎とかの遠方で名刺交換会をすることにして、その前後で観光する、といった旅行も幾度かあった。

例外なくいえることは、僕から「行こう」と言い出したことは一度もない、という事実である。行きたいのは編集者なのか、ということになる。それはわからないでもない。編集者は大変に忙しい重労働だから、たまには羽根を伸ばしたいと考えるのだろう。森博嗣なら酒につき合うこともないし、面倒な指示を受けることもない。気楽に楽しめたのではないか（と勝手に解釈しているが、叱られるかもしれない）。

四国一周の旅をしたことがあるが、僕は自分で名古屋から車を運転していった。つまり、旅行というよりもドライブがしたかったのだ。このときも、奥様が一緒である。編集者も一緒に乗っていったのか、というとそうではない。何故なら、そのときの車はポルシェ911だった（後部座席は大人が座れないほど小さい）。そこで、編集者は、電車やバスやタクシーを乗り継いで、先々へ自力で移動し、現地で合流した（何故合流しなければならないのか、よくわからない）。これでも、取材旅行になるだろうか。レオマワールドという不思議なテーマパークがまだあった頃だ。倉敷《くらしき》にもチボリ公園があった。そういう変なところしか回っていない。そして、それらをネタにして小説を書いたこともない。今書いているわけだから、この本のための取材だったのか。

まだまだ特典がある？

「役得」という観点で話を続けると、たとえば、発行部数が何百万部突破みたいな記念で、「なにか希望はありませんか？」ときかれることがある。何度かそれがあった。この場合も、こちらから言い出したわけではなく、編集者が「なにかしましょう」と提案してくるのである。彼らにしてみれば、旅行とか高級レストランで食事会などが良いのかもしれないが、僕は時間がかかることはできるだけ避けていた。大学は忙しく、休みはなかなか取れない。それに、僕は自由時間には自分一人でやりたいことがある。大切な時間を無駄に消費したくなかった。

そんなわけで、「記念品を作りましょう」といった話になる。たとえば、森博嗣がよく登場させる「のんたくん」という小熊のキャラがいるのだが、このぬいぐるみを作ったことがあった。ぜんぶで100匹作って、半分くらいは読者に抽選でプレゼントした。編集者や親しい作家の友人にも配ったが、まだ30匹くらい残っている（友達が少ない証拠だ）。のんたくんは、もともと僕が持っているぬいぐるみなので、ぬいぐるみがぬいぐるみになっただけである。

それから、ブライスという着せ替え人形にはまっていた時期には、小説の登場人物仕様のブライスを作ってもらった。1体が20万円くらいしたのではないだろうか。製品として出ている1万円くらいの人形をベースにして、メークやファッションに手を加えるのだが、その分野にもカリスマと呼ばれる人がいて、そういう人たちに依頼して実現したものだ。

そういった記念品の類は、ほかにも沢山ある。ただでもらえるのだから役得であるが、べつになくても済むといえば済むものではある。

贈呈本も馬鹿にならない

作家になったあと、沢山の本が送られてきてびっくりした。自分の本も発行のたびに見本が10冊届くが、それ以外に新品の本が沢山届くのだ。出版社が送ってくるものもあるし、作家が送ってくるものもある。なかには、頼んでもいないのにサインがしてあるものもある。僕は小説を滅多に読まない人間なので、このような贈呈本のうち小説はほとんど読んでいない。読まないからといって捨てるわけにもいかず（サインがあったらなおさら捨てにくい）、どんどん部屋に溜まってしまった。引越のときに整理して箱詰めしたが、２０００冊くらいにもなっていた。売ったら、ちょっとした額になったのではないだろうか。

このように本が届いたのは、僕がブログを書いていて、誰某から本をもらった、と感謝の一文を書くことが多かったからだ。それだけで宣伝になったのだ。そういう時代だった（15年以上まえの話だ）。今では、その程度のことではまったく影響はないだろう。

一方、小説以外の本、つまりノンフィクションは、現在は届くものはほとんど読んでいる。大学に勤めていた頃はそんな時間がなかったけれど、今はのんびりと暮らしているので、読書が進む。これまでの人生で最も沢山本を読んでいるといえる。新書などは1カ月に10冊くらい読むだろう。こういった本は、無料で届くわけだから、自分で買ったときのことを考えると、1カ月で1万円以上もらっているのと同じ状況になる。どんな本を読んだのか、よほどのことがないかぎり公表していないが、出版社は宣伝の目的で送ってくるのだろう（と勝手に解釈しているが、叱られるかもしれない）。

そうそう、小説雑誌も毎月沢山届いていたが、あれは読まないうえ、かさばる。あるとき、つき合いのある出版社すべてに「もう送らないで下さい」とお願いした。したがって、今は1冊も届かなくなった。僕が受賞したメフィスト賞の名にもなっている雑誌『メフィスト』（講談社）もかれこれ5年以上見ていない。

本ではないが、『スカイ・クロラ』の映画に登場した戦闘機、散香《さんか》とスカイリィのソリッドモデルを模型店からプレゼントされたときは嬉しかった。これは、買うと1機3万円の品物である。2機とも書斎に現在も飾っている。

第3章 作家の支出

作家の支出って？

第1章と第2章では、作家の収入について書いた。この本は『作家の収支』であるから、支出についても書かなければならない。

作家は何に支出しているだろう？

はた、と考えてしまう深みのあるテーマである。

とにかく、僕の場合に限るのかもしれないが、小説を書くために仕入れなければならない素材がない。つまり、原材料がいらない。ゼロから生み出せる（現実には、ゼロではなく、頭のどこかにあるものが素材となっている）。それが小説だと僕は認識しているのである。

そうでない人もいる。きちんと資料を揃え、取材をして、それに基づいて物語を組み上げるやり方もあるだろう。その手法を僕は採用しない、というだけの話。すなわち、手法の問題にすぎない。

これは小説に限らない。僕はエッセィでも、なにかを参考にして書いたりしない。引用文献もない（小説で、巻頭や章初めに引用するのは別。これは、雰囲気を盛り上げる目的でやっている）。

綿密に調べ上げて、それらの資料を基に論理を組み立てるのは、文系などの論文では常道であるが、僕はそういったスタイルでものを書こうとは思わない。すべて自分の頭から出したままを書いている。ときどき、「あれは何だったっけ」と思って調べることはあるけれど、多くは固有名詞が出てこない、といった場合だ。思い出せなければ、「思い出せない」と書けば良いし、不確かならば、確信が持てないように表現すれば良い。小説ならば、そこに登場する人物が知らないことは書けないし、ぼんやりとしか覚えていないことはぼんやり書いた方が良い。むしろその方が臨場感が出る。

ほかの作品と比較するには、僕はあまりにも小説というものに不慣れだけれど、それでも、森博嗣の文章は抽象度が高いだろうとは思う。具体的ではなく、抽象的なのだ。具体的にできないから、抽象的にならざるをえない。でも、抽象的であることのメリットもあるし、それこそが作家の持ち味ではないか、とも思っている。

データ的な情報として詳しく例を挙げて論じるものもあれば、抽象的に捉えて論じるものもある、ということだ。僕としては、このネットの時代に、そういった詳しい情報をいちいち載せる必要があるのか、とも考えている。頭から出る言葉をすっと流せば、その方が読み手に滑らかに届くように思うのだ。まあ、人によるだろう。合う人と合わない人がいる、ということではないか。

50%引きになるもの

そういうわけで、僕は資料も取材も事前に用意する必要を感じない。ネットにつながったパソコンで書いているのだから、資料も取材もネットで充分である。印刷書籍としての辞書もいらない。すべて、同じモニタで利用できる。

しかし、そうなると、作家というビジネスにおいて「経費」というものがなくなってしまう。経費がなくなると、収入は全部所得になるので、多額の税金を取られることになる。多額の税金を取られることにも、僕はあまり抵抗がない。社会に貢献している証拠でもあるわけで、むしろ誇らしいことだと感じた方が健全だ。恵まれない人に寄付をするのに、節税に励んでいる人もいるが、僕はもともと国家公務員だったし、税金の使われ方にそこまで不信感を抱いていない。日本は空前の借金財政なのだから、税金をもっと上げて、税収を増やすのがまっとうなやり方だ。どんどん税金を納めるべきなのである。

そうはいっても、もちろん「経費」は完全にゼロではない。たとえば、出版社との打合わせをするために東京へ出向くことがあるが、このときの交通費は、「経費」としても良いだろう。まえは新幹線で行けたが、今は飛行機だ。仕事なのだから、自腹は切りたくない（といって、ここまで出版社に負担させるのもおかしい）。

税金というのは、国税が40％（２０１５年から45％）、住民税が10％くらいであるから、1億円の所得があれば、半分の５０００万円を納税しなければならない。もし、交通費の10万円を経費として計上すると、その分所得が減るので税金も減る。結局いくら得になるのかというと、10万円の50％、つまり5万円だ。

このように考えると、運賃が50％引きなんだな、半額セールなんだな、と意識できて、もの凄く得をした気持ちになれる。まるで、国税局が割り引いてくれたみたいにも錯覚できるので、精神衛生上もよろしい。

経費として落とせるものは、たとえば執筆に使うパソコン、それから事務用品などである。書籍もほとんどのものは資料代として落とせる。その書籍を読まなくても作品は書けるのだけれど、頭に入った知識はのちのちの創作に効いてくるかもしれない。一種の設備投資みたいなものなのだ、と解釈できる。

大きいのは人件費だが

僕の場合は、ほとんどすべての仕事を自分一人で片づけているけれど、なかには（特に一流になれば）人を雇っている作家もいる。秘書であったり、運転手であったり、マネージャであったり、事務員であったり、呼び名や役名はいろいろだが、ようするにアシスタントということである。ただ、作品を執筆する仕事を部分的にでも人に任せるのは難しい。できないことはないかもしれないが、せいぜいゲラを読んでもらって間違いを探すくらいの仕事だろう。ミステリィのアイデアを考えてもらうとか、そんなシンクタンクみたいなアシスタントがいたら便利だが、まちがいなく高給取りになるので、元が取れるかどうか疑わしい。

人件費というのは、もし専業となれば、かなり高額にならざるをえない。その人の生活を保障しなければならないからだ。それでも、印税で億の単位を稼ぐ作家ならば、数百万円の人件費など気にならないのかもしれない（僕は気になるが）。

人件費が負担になるのは、事業が傾いたときだ。急に人気がなくなった、病気で書けなくなった、などなど、作家人生にだって山あり谷あり、である。税金は、収入が減ればそれに応じて低減する。しかし、いくら収入が減っても、雇っている人をすぐにクビにはできない。いつでも解雇できるならば問題はないが、なかなかそうもいかない。特に有能であればあるほど、その人がいないと困る結果になるし、そういう有能な人はまた賃金も高いはずだ。そうなると、極端な場合には赤字になる。

作家という職業は、普通は赤字にならない。収入がゼロになっても、支出がゼロにできれば赤字は避けられる。これもまた、作家というビジネスの強みなのだ。さきほどから、経費がかからないという話をしているとおり、売れなくても、使わなければ、持ち堪えることができる。

もちろん、生活をするための出費はある。しかし、一般的な事業をしている人間よりも、周辺の人間関係がシンプルなので、つき合いを切りやすい。引き籠ることも簡単なのだ。そうしても成り立つ職業なので、調子が悪くても、無駄に見栄を張って良い顔をする必要がない。これも作家の強みだろう。多分に偏見があるかもしれないが、少なくとも僕はそう感じている。

会社にしてしまう手もあるが

とにかく若い人ほど少し成功して大金を手にすると、つい人を囲《かこ》いたくなるものだ。「仲間が欲しい」という心理もある。作家という仕事は孤独の中にある。孤独が基本である。だから、せめて身近に相手をしてくれる人がいたら良いな、と考えてしまうのだろう。

また、儲かっているときには、節税のために法人、つまり会社を設立する人も多い。事務所を持って、作家稼業を会社の事業にするわけだ。あまり詳しくないが、税法上有利になるらしい。僕は税理士に確定申告をしてもらっているけれど、儲かっているときにはその提案があったこともある。僕自身は節税には興味がなかったので、それはしなかった。

会社にして、事務所を構え、スタッフを持つ、それらは経費で落とせる。会社というのは、トータルで黒字にならなければ税金を払わなくても良い。個人の場合とはまったく違う。個人の場合は、赤字なのに税金を払う、税金のために赤字になる、なんてことは日常だ。それは、生活費とか趣味や娯楽の消費が、経費として認められないからである。一方、会社にすれば、社員旅行などは経費だ。また、避暑地に別荘を買っても、それは社員研修用なので、設備投資として、もちろん計上できる。

それでも、調子が良いときはそれで良いが、さきほどのように事業が傾いたときには、身重になっている分、赤字が大きくなるだろう。僕は個人的には、作家業の強みを活かすためにも、個人経営の方がよろしいのでは、と考えている。でも、これは人にすすめるようなものではない。自分はそうしている。その方が自分に合っている、というだけの話だ。

秘書とか手伝いとかを雇うと?

既に少し書いたが、僕は「仮想秘書」を雇っている。これは、ネット上で仕事をしてくれる秘書のことをこう呼んでいるだけで、電子頭脳とかロボットではない。生きている人間である。バイト料を払って仕事を依頼している。具体的には、僕のホームページの管理と、執筆などのスケジュール管理、このほかにはファンからのメールの仕分けなどが主な仕事である。やり取りはすべてメールを通して行っているため、直接会うことはない。もう2年以上会っていないし、電話で話すようなこともない。毎日メールが3往復くらいする、というだけだ。料金は、そのときどきの仕事量で決定しているが、1カ月に2万~5万円程度を支払っている。秘書氏にしてみれば、在宅でできるバイトである。

最近は編集者にも会わないことにしたため、大量の郵便や宅配便を受け取ったり出したりしなければならない。すべてをメールで、とはなかなかいかない。たとえば、契約書が出版社から送られてきたら、サインと捺印をして送り返す必要がある。試験問題などの著作使用の承諾書も、生半可の量ではない。出版物のゲラも、まだ紙に印刷されたものて確認をしている。赤いサインペンで指示を書いて送り返しているのだ。

つまり、こういった通信事務だけでも、僕が全部やっていたら、執筆の時間が削られる。そこで、最近は奥様をバイトで雇い、彼女に任せている。彼女にバイト料を支払って、それも経費で落としている（そのかわり、奥様は確定申告時にその収入を明記しなければならないし、もちろん源泉徴収される）。しかし、僕が払っている税率は、彼女の税率よりもずっと高いので、夫婦のトータルとしては僅かな節税にはなる（こういうことは、税理士さんがすすめてくれる。それが税理士の使命みたいだ）。

その税理士さんにも年間で35万円ほど支払っている。作家になって最初の数年は、自分で確定申告をしたのだが、これがもう大変で大変で嫌になってしまった。そこで諦めて税理士さんにお願いしたところ、最初は12万円ほどで引き受けてくれた。しかも、僕が仮に作った確定申告よりも50万円も税金を安くできた。元が取れたとはこのことである。税制にはいろいろな免除措置があって、それを知らないと損をする。損をしても税務署は教えてくれない。間違って少なめに納税すると、脱税だと指摘され、運が悪ければマスコミに知られて槍玉《やりだま》に挙げられるのだ。

もともと、作家の収入はほとんどが出版社からの入金であって、これは銀行振込みだから、会社員のサラリィと同じで、誤魔化すことができない。個人から現金を受け取るような機会がないので、収入を誤魔化せないのだ。また、大きな支出もないし、多大な設備投資もできないわけで、脱税をするにもしようがない、と僕は考えている。もしできると言う人がいるなら、僕が知らない大掛かりなトリックがあるのだろう。

アイデアを買う?

さきほどは冗談で書いたが、シンクタンクを抱えるというのは、実際、良いアイデアかもしれない。これは、たぶん、アメリカあたりの有名作家ならば既にやっているだろう。公表している人もいるかもしれない。また、たとえば、ネットでアイデアを公募し、きちんと契約をしてアイデアを買うことも面白いと思う。ミステリィのように一発芸に近いようなものは、これが効くのではないか。ただ、実際に良いものが出てくるかどうかは、かなり怪しい。募集があってから考えて思いつくようなものはたかが知れているだろうし、また、以前から温めているアイデアがあるとも思えない。それがあるなら発想した本人が既に作家になっているのではないか。

僕自身は、ネット上の掲示板で、ファンの人たちにアイデアを募集したことが幾度かあった。たとえば、面白いタイトルはないか、とかである。あるときは、ＳＦを書こうと思って、そこに登場するアンドロイド（人造人間）に、オリジナルの名称が欲しいと考えた。ＳＦというのは、そういったディテールがキモなので、自分でも何カ月か考えたが良いものが思いつかない。そこで公募をしたのだ。しかし、やはりこれといったアイデアは出なかった。ただ、大勢の意見を聴くことで、自分の頭の中でなにか活性化するものがあったのかもしれない。ほどなく、「ウォーカロン（walk-alone）」という名称を思いついた。これで、もう何作も書いている。タイトルもそうだが、たった一語であっても、オリジナリティがあれば、物語はあっという間に書けるものだ。その新しい言葉に牽引力のようなパワーがある。

グループで創作する手もある

また、これとは逆に、自分はアイデアを出し、あるいは設定や物語も考えたうえで、誰かに文章を書いてもらう、という形態も考えられる。「代筆」というのだろうか。これなども、既に誰かがやっているのではないか、と思える。僕が知らないだけかもしれない。

文章なんてものは、いくらでも似せられるし、本人が修正をすれば、その人の文章に限りなく近くなるだろう。こういった分担をすれば、かなり大量に作品を世に送り出すことができる。作家の名前だけを使う、ようするにブランドとして売り出し、スタッフが大勢いる。「作家企業」とでも呼ぶのだろうか。今後は現実的にありうるスタイルだと思われる。でも、最初に名前を売る時点では個人の力が必要だろう。最初からグループでいくのは、効率が悪すぎる。

たとえば、エラリィ・クイーンなどは、最初から2人組で1人の作家を装っていたのだから、大昔からあったアイデアといえる。日本でも同じ例はある。3人以上というのは、聞いたことがないが、公開されていないだけかもしれない。

ただ、やはり、小説家の身軽さは個人作業であることによるものだから、こうした複数人での分担が上手く働くのは一時のことではないか、とも想像する。あるいは、方向性の違いで解散になるなんてことも想像に難くない。

どうせ人件費を使うならば、やはり一番稼げる執筆作業に投入すべきだと考えて、妄想的なことを書いてみた。このくらいは考えないと、これからの小説業界で競争を勝ち抜くことは難しいだろう。今までの小説家像は、既に過去のものだ。これから小説家を目指す人は、新しい小説家のスタイルを自分で考え、それを目指してほしい。既存のものを目指すことは、クリエータには相応しくない。

資料代と交際費

さて、もう一度、支出に話を戻そう。人件費以外でコンスタントに支出できるものがあるだろうか。経費としてある程度認められるのは、資料代、交際費などである。

資料代は、さきほど出た書籍などが該当する。高い古書を買っても良い。経費で落ちれば、50%引きになるので、この際だから欲しいものを買う手はある（誰に話しかけているのか）。

極端な例だが、自分の趣味のものを購入しても、きちんと理由が説明できれば経費で落とせるだろう。たとえば、僕は模型が趣味だ。ある模型を買って経費で落とすためには、その模型について小説なりエッセィなりを執筆するとか、あるいはカバーにその写真を使うとか、そういった工夫をすれば良い。その作品のために必要なものだから買った、と明確に説明ができれば良い。実際には、理由と結果を逆にしているのだが、それは誰にもわからない。

これは、おそらく程度問題である。その作品で得られる利益よりも高いのでは、当然疑われることになる。よく、「経費は収入の3割まで」などと聞くが、僕の場合は、自分の趣味のものを掻き集めても1割以下である。どうしてかというと、僕は収入の1割を自分の小遣いと決めているからだ。これは、今話をしている経費とは無関係なので勘違いしないように。

交際費は、つまり、誰かと会って打合わせをしたとき食事代を出したとか、話を聞くためにお土産を持っていったとか、などである。後者は取材費と考えても良いだろう。しかし、僕の場合は、編集者との打合わせでは、飲みものも食事も、出版社の経費で落ちている。つまり、向こうが交際費としているわけだ。僕が支払ったことは、僕の方から誘った場合以外にはない（過去に1度か2度程度しかない）。それ以外には、人に会うようなことはないから、交際費は使い道がない。小説を書くために誰かに会って話を聞くというような機会もないのである（メールで済んでしまう）。

衣装は駄目だが自動車は経費

不思議なことに、洋服は経費で落とせない。著名な作家と対談をすることになったから、恥ずかしくない格好をしていきたい。それで、新しい服を買うことがままあるのだが、それは個人持ちであり、つまり単なる生活費に含まれる。洋服というのは、そういう位置づけらしい。その対談のときだけしか着ない、と言っても駄目らしい。貸衣装だったら経費になるのかもしれない。

僕は、対談も滅多にしないし、作家のパーティなどにも出ないから、あまり関係のない話題である。もっとも、普段からファッションには興味がなく、同じ服をずっと着ている。ファッション業界の小説を書いたら、ある程度は資料代として洋服代が落とせるのではないか、と想像する程度だが、そんな業界の話を書くつもりは毛頭ない。

僕は、執筆時には、必ず音楽を聴いているから、CDくらいは経費で落とせるだろう。オーディオのアンプになるとやや怪しいが、車やパソコンと同じように償却資産（少しずつ減っていく資産として計上できる）だろうか。執筆時にはコーヒーを必ず飲んでいるから、コーヒーの豆とコーヒーメーカは経費で落としても良いだろう。

つまりは、このように明確な説明ができて、しかも度を越えていないものは、計上できる、と考えて良いようだ。

そうそう、洋服は経費にならないが、自動車は経費で落とせるのである。税理士さんから聞いてびっくりした。ポルシェを新車で買ったことがあるが、償却資産で経費になった。自動車は仕事で使うもの、という古い観念があるらしい。お医者さんがみんな高い外車に乗っているのはこのためである。ゴルフなんかも交際費として落とせるのではないか（これは想像で書いている）。とにかく、皆さん、節税になるものなら、財布の紐が緩むらしい。まあ、50％引きならば、と気持ちが動くのではないか。

作家は不安定な職業である

では、ここからは、経費では落とせない単なる支出について書こう。つまり、作品が当って印税が大量に懐に入った作家は、いったいどんなものに金を使っているのだろうか、という話題だ。

そのまえにまず書いておかなければならないのは、作家という職業の不安定さである。僕は48歳まで国家公務員だったので、その比較を身をもって体験した人間になる。給料をもらっている人は、簡単にクレジットカードも作れるし、ローンも組める。しかし、その何倍も稼いでいても、作家はなかなかそれらの審査が通らない。不思議な話であるが、将来にわたってその収入があるとは見てもらえない、ということだ。

したがって、今が良くても、少しは将来に備えなければならない。病気になったら、仕事はできなくなる。しばらくは失業保険がもらえるが、それ以上の保障はない。このあたりの人生設計は自分で計算して考えるしかない。

1作が当っても、次が当るとは限らない。多くの場合、当るのは単なる偶然が重なった結果であって、けっして実力とか作品の魅力ではない。そういう分析は危険である。偶然であれば、当れば当るほど、落ち込みも激しいだろう。あぶく銭だからといってぱっと使うのではなく、将来の自分のために幾らかは配分しよう。そういう性格の人は、この業界には少数派かもしれない。純文学などの分野では特にそんな空気が漂っている気がする。退廃的な生き方に憧れる向きには良いかもしれないが、どうも今時の若者には、その指向もまた少数派のように見受けられる。

ほとんどの支出は経費以外

森博嗣は、稼いだ金を何に使っているのか？

もともと、庭園鉄道を建設するための土地が欲しかったし、ラジコン飛行機を飛ばせるような場所も欲しかった。だから小説を書いた。つまり、稼いだ金は不動産に使った、というのが正解である。ただ、僕が欲しいのは、都会の土地ではない。誰もいないような場所ほど好条件になるので、広さの割に安い。それから、模型自体も欲しいものを買っているが、もともとコレクタではないので、ものを集めることに執着がない。欲しくても買えなかったものを買っただけで、そんなに大量に消費できない。

自動車も好きだったので、ポルシェとかチンクエチェントとかミニクーパとかを購入したが、作家になる以前からホンダのビートに乗っていて、結局、ずっと出勤はこれでしていた。自動車は、買うと置き場所と維持が大変だ。自分一人では同時に1台しか運転できないし、そんな時間もない。

買ったものは、不動産も模型も自動車もそのすべてを今も所有しているが、土地は近しい人に貸しているし、自動車は友人に預けているものが多い（ほとんど、譲ったようなものだ）。模型はいちおう大部分を自分の近くに置いているが、引越をするときには、模型だけで4トントラック7台分にもなる（僕が遊んでいる模型は、皆さんが想像するものよりサイズが大きいためだ）。

結局、これでも、稼いだ額（税金を引かれたあとの額）の半分も使えていない。引退をして、今後は仕事も減っていくはずなので、残りの金を「自己年金」として生きていければ良いだろう、と考えている。食べることや、着ることや、飲むことなどに興味がないし、博打もしないし、同性異性に限らず人づき合いをしないので、金の使い道がない。当然ながら、投資にも興味がない。現金は利子のない預金にしている（銀行倒産時に全額が保護されるため）。

ほかの作家はどうなの?

僕以外の作家はどうだろう。作家の友人といえば、親しいのはよしもとばななさんくらいだし、ときどきお会いするのは、清涼院流水さんか、京極夏彦《きょうごくなつひこ》さんか、あとは、漫画家の羽海野《うみの》チカさんくらいだ。そうそう、西尾維新《にしおいしん》さんとも何度か会って話をしたことがある。

西尾さんなんかは、森博嗣の何倍も稼いでいるはずだが、彼が何に金を使っているのかさっぱり想像ができない。そういう贅沢な話を聞いたことがない。どこかのホテルのスイートルームに住んでいるのではないか、と想像しているくらいだが、その程度では稼いだ額を全然使い切れないはずだ。

あとは、誰がとは書かないけれど、家を買ったり、高層マンションを買ったり、というのは知っている。東京で住宅を買うとたしかに金が一気に使える。それでも、印税収入のほんの一部だろう。

自分の好きなものを知っている

皆さん、そんなに贅沢をしていない。自分が好きなものを知っている人は、その好きなものに金をつぎ込むだけで、一般的な贅沢をする必要がないからだ。好きなものがない人は、普段から他人のことを羨ましがっている。だから、大金を手にしたら、自分もそんな贅沢がしたい。つまり、人から羨ましがられたいという願望を持っている。

しかし、自分の好きなものがはっきりわかっている状況こそが、その人を成功へと導くという例が多い。この道理でいくと、人を羨む人は成功しない。

今の僕は、広い庭で毎日草刈りをしたり、種を蒔いたり、雑草取りをしたり、水やりをしたりしている。これで午前中は終わる。午後は、庭園鉄道の工事をする。寒い季節にはガレージで機関車を作っている。ときどき、機関車に乗って、自分の庭を巡る。森林の中を抜けていくとき、「気持ちが良いなあ」と感じる。ただそれだけのことである。誰かに自慢をするためにやっていることではないし、また、自分以外の人に価値があるとも思わない。現に、家族も誰も見向きもしない。

小説の仕事をするのは、夜になって風呂に入ったあと寝るまでの1時間である。しかし、草刈りや水やりをしているときに、ぼんやりと考えること、思いつくことがある。

それらが、夜の1時間に活きてくる。この1時間は、「収穫」の時間であって、仕込みというのか、「種蒔き」は別のときにしているようだ。

第4章 これからの出版

出版不況の本質は大量消費の崩壊

出版不況と言われて久しい。雑誌は次々に休刊し、書店はどんどん潰れている。トータルの売上げは年々落ちている。出版社が倒産するニュースも耳にする。これからもっと増えてくるだろう（本書が出版され、印税が支払われるまでは、幻冬舎には持ち堪えてもらいたい）。

まず、非常に簡単な傾向が観察される。それは、メジャなものが減り、マイナなものが増えている、ということである。これは、何十年もまえから指摘されていて、「多様化」などと呼ばれたりもしてきた。簡単に言うと、かつてあったような「大当り」はもうない。大ヒットするものがない、ということだ。

生産し販売する側から見れば、同じものが大量に売れることが最も効率が良い。20世紀は、この大量生産、大量消費の時代だった。製品だけに限らず、メディアも「マス」だった。大勢から少しずつ集めて大きな利益を出す仕組みが、製造にも流通にも、隅々まで取り入れられた。消費者一人一人には、大きな負担がかからない。みんなと同じものを買うことで価格が安くなるからだ。

けれども、このような時代が長く続くと、基本的な品物は行届いてしまう。行届いたのだから、社会全体としては豊かになるものの、個人の満足はもう得られにくくなる。もっと自分に合ったものが欲しい、という方向性しか残されていない。

これは、大衆の方からの発想ではない。生産している側が考える「次の手」である。大量生産を続けていても、市場には自ずと限界がある。作るものに差はなくなり、価格競争になる。ちょっと他社よりも優れたものを作ろうとすると、開発にコストがかかるようになり、リスクが増える。とにかく、経済成長期のように儲からなくなってしまう。そこで、方向を転換し、もっとスペシャルな需要に、製品を投入するようになる。最初から、マイナなものは恐いので、せいぜいカスタマイズが可能なオプションで誤魔化す。それでも、一辺倒だったものよりはそれがスペシャルに見える。そういうイメージを作って宣伝をすれば、大衆は誤魔化される。

そして、この時代のさらにあとには、本当の多様化が訪れる。カスタマイズだけでは、自分らしさは見つからない、お金は出すから、もっと自分が欲しいズバリのものを手に入れたい。こうして、しだいに商品はマイナ化するのである。

すべてがマイナ化する?

もちろん、あまりにマイナでは、商売が成り立たない。ある程度の数は必要であるし、この数が減るほど、価格を上げなければならなくなる。それでも、技術の向上が、マイナなものを個別に生産できる環境を築いた。電子化、デジタル化がその環境を支えている。

エンタテインメントは、この傾向が通常の商品よりも顕著だ。もともと、生活必需品ではなく、趣味のものである。個人の好みによって選ばれる商品だ。大勢が同じものを買う必要はない。この基本がまずあるだろう。これは自分が見つけた面白さだ、という楽しさがマイナなものにはある。長い間、ブームという人工的支配の中で、この本来の感覚は眠らされていただけだ。

また、もう一ついえるのは、エンタテインメントのコンテンツが蓄積される点である。生産が続けば、過去の作品が累積する。工業製品のように、昔のものは規格が合わないとか、性能的に不足しているとか、あるいは劣化して使えないわけでもない。しかも、著作権フリーになったものも増えつつある。その分、安く手にすることができるのだ。

小説に関していえば、かつては、作家は原稿用紙に万年筆で文字を書いていた。これを手直しして、清書することもあった。印刷する場合にも活字を組む(1文字ずつの判子のようなものを並べる)。印刷機の性能は不充分で、使いこなすのには技術が必要だった。時間もかかった。印刷されたものを製本する場合には、かなりの部分が人力に頼らざるをえない。また、できた書籍を全国に配るのにも、今のように簡単にはいかない。結果として、1冊の本を作るコストは今よりも高かった。だからこそ、同じ本を沢山売らなければ出版事業が成立しない。売れない本を出している余裕はなかったのだ。

現在の出版不況の中にあっても、毎年新たに作られる書籍の数は増えている。書店はどんどん大型化せざるをえなかったが、それでもすべての本を置けるわけではない。必然的に、ネット書店の台頭となった。

絶対数でいうベストセラは、とにかく出にくくなっている。ベストセラにランクインするものの部数自体が、かつてよりも一桁低い。ミリオンセラなど奇跡的な現象となってしまった。これは、書籍だけではない。あらゆる商品、あらゆるメディアで観察される現象だ。

この傾向はさらに進むだろう。したがって、今はまだヒット作があっても、これからはもっと出にくくなる。平均的にはその方向へ進む。エントロピィが増大する自然現象と同じ理屈と理解する以外にない。

細かい利益を拾い集めるしかない

出版社は、なるべく多種多様なものを出して、そのそれぞれで少しずつ利益を拾うような商売が基本になる。大当りするものがその中から出れば、これは「特別」なことであって、これが定常的にあると期待してはいけない。

いろいろなメディアを駆使して宣伝を打って、ベストセラを作ることは可能だが、その宣伝費に見合った利益が得られるかどうかは疑問だ。また、そういった「売れているらしい」効果で大衆が手に取るという時代も、そろそろ終わりだと思われる。

賞を取ったとか、ベストテンに入ったとか、そんな「売り文句」も今はあまり効かない。かつてのように、「有名みたいだ」「自分だけが知らない」と思ってつられて本を買う人が少なくなったということである。有名かどうか、知らないのは自分だけなのか、そんなことはネットですぐわかってしまうし、みんなが小さいときから、「個性豊かに育てよう」と、好きなことをさせてもらっているから、そのネットでつながっているごく身近な範囲が彼らにとっての「社会」になっている。流行もその「小さな社会」の中にあるのだ。

出版社は、大きなホームランは望めないが、小さなヒットで商売をするようになった。その小さなヒットが、今のベストセラである。当るといっても、数は少なく、また売れている時期も短い。しかも、何が当るのか予想が難しい。当る理由も多様化しているからだ。理由を一つ挙げるとしたら、それは「弾み」である。なにかの弾みで売れてしまう。だからといって、同じようなものを繰り返しても当りは続かない。

サブカルの台頭

マイナなものは、マイナ故に根強い固定客がいる。マイナ故に、そのジャンルのもののならばすべて買うといった豪快なマニアもいて、通常よりも生産者と消費者の絆が強い。そして、そのマイナと認識されてきたものが、実は意外に数が多いのである。たとえば、鉄道ファンは、小説ファンよりもずっと多い。雑誌の売行きが芳しくないと、飛行機か鉄道の特集をする、なんて話が昔からあった。マニアが買ってくれるからだ。この頃では、TVでも鉄道ファンを当て込んだ内容のものが増えてきた。鉄道ファンであることを売り物にするタレントもどっと増えた。マイナなものが、メジャな商売のターゲットになっている。

一般に、マスコミが取り上げるものがメジャで、そうでないものがマイナだ、という価値観を大衆は無意識のうちに持っている。たとえば、芥川賞や直木賞の受賞はニュースになって報道されるが、同人誌即売会のコミケットの開催などは全国ニュースにはならない。しかし、実は、関心を持ち、それに金を出そうとする人の数は、何倍も後者の方が多い。ずっと大勢を動員する。これはつまり、かつてのメジャが今でもメジャなまま存続しているという古い価値観、間違った評価に基づいているわけで、マスコミ自身が、知らないうちにミニコミになっている証左ともいえる。

新しい才能をどうやって拾うのか

出版社は、大手ほど経営が難しくなるだろう。大手であることが、重荷になるからだ。しかし、悪い材料ばかりでもない。既にコンテンツを多く抱えているし、また、作者ともある程度の関係を構築している。問題は、これから出てくる新しい才能をどう取り込むかという点にあるだろう。

というのも、現在既に、出版社を通さなくても、作家として誰もがデビューできる環境になっているからだ。小説家になりたい人は、小説を書いて、これを自費出版すれば良い。それで、小説家になれる。技術的に難しいことはない。ネットでちょっと調べるだけで良い。

それではプロの小説家とは呼べないのではないか、という意見もあるだろう。しかし、では、プロの小説家とは何か、という定義の問題になる。執筆業で生活ができるかどうか、ということだろうか。それとも、書店で本が売られている人のことだろうか。

そんな定義はまったくナンセンスだ。小説家は、本人が名乗れば小説家なのである。

名刺も作れる。その肩書きに「プロの」などという説明を加えている人はいない。それは「一流」とつける人がいないのと同じ理由、つまりナンセンスだからだ。

おそらく、今小説家になりたい人は、これまでの小説家像に憧れ、それを目指しているのだろう。しかし、これからの小説家像は、そのとおりではない。ここまで書いてきたように、よりマイナになり、つまり同人誌作家に近づく。作家の数は増えるが、しかし、読者の数は増えない。必然的にシェアを奪い合うことになるから、平均すれば、半プロ作家が増える。これは、音楽業界でも同じだろう。ＡＫＢ48などが、そもそもマイナさを売り物にして登場したのだが、今ではそれがメジャもメジャ、トップになってしまった。

新人は、新人賞で作品を募集して発掘される。小説家志望者も、この登竜門を目指して投稿してくる。そういった古来の文化がまだ今も健在だ。特に今は、リタイアした高齢者がけっこうな割合で挑戦してくるし、また、若い世代でもまだまだチャレンジャが跡を絶たない。

まっとうな仕事になった小説家

今の若者は、子供の頃からネットに親しんでいる。ネットというのは、長くテキストの文化だったし、今でもその傾向は残っている。つまり、若者は文章を書くことに慣れている。「活字離れ」などという古い呼称は、ずっと上の年齢の人たちのことであって、むしろ今の子供たちは、入試にある小論文のためにきちんと学んでいる。漢字が書けることも競い合っている。

そのうえ、家庭の理解が簡単に得られるのも見逃せない。昔は「小説家になりたい」なんて言おうものなら、「そんな甘っちょろい考えで社会が渡れるか」と窘《たしな》められたものだが、今は違う。子供の夢に親までもうっとりと酔ってしまう。昔よりは、小説家が「まっとうな職業」になっている。これは、他の芸術分野でも同様だ。日本はそれだけ豊かになり、社会にも家庭にも余裕が生まれているということにほかならない。

ネット配信とか、電子出版とかで、すぐにでも小説家になれるのであるが、それでも「職業」という観点で見ると、自分だけの認識ではなく、客観的な立場が欲しい。それには、やはり出版社に投稿して、雑誌に名前が載って、という古来の手順を踏みたくなるだろう。まだその傾向は少しの間は続きそうだ。出版社も、その点は楽観しているかもしれない。

ネットという滑り止めがある

しかしながら、応募した賞に落選したときの受け皿が存在する、という点が昔とは大違いなのである。そこしか門戸がなければ、浪人をして、またチャレンジするしかない。また、選には漏れたけれど、見込みがある才能ならば、編集者が声をかけて、手直しをして雑誌に投稿しないか、といった指導をしたかもしれない。これまではそうだった。けれど、今はそうではない。落選しても作品を公開する手段がある。それどころか、既にネットで公開している作品をちょいと手直しして投稿してくる、といった場合の方が多くなるだろう。

小説家志望というだけで、ネットで活動ができる時代である。投稿するまでの過程をネットで公開するなんて当たり前になっている、完成もしていないのに公開している人も多い。「ちょっと書いてみました」くらいですぐに公開してしまう。これで、フォロア数人から褒められれば、もう満足なのだ。たぶん、この種の人では、受賞するような作品はそもそも無理だろう、とは感じるけれど、でも、わからない。そういうやり方が普通になってくれば、これからはみんながそうするだろうし、そんな中からスターが出る可能性もないとはいえない。

こうなると、出版社も楽観はしていられないだろう。なにか方策を考える必要がある。たとえば、出版に至らない次点作品を（作者の承諾を得て）公開する、あるいは、作者が公開しているサイトをリンクする。つまり、出版社の「半お墨付き」とするわけである。

アマチュア作家にとって、なによりも欲しいのはリンクなのだ。つまり、宣伝である。個人では人脈に限界がある。それこそ、突拍子もないことをしないかぎり目立たない。志望者が多いだけに埋もれてしまう。情報発信はできても、今は情報が多すぎて、誰も目を留めてくれないからだ。

ネットはアマチュアだけのものではない

誰でも気軽にネットで自作コンテンツを配信できる、という環境は本当に素晴らしい。作品さえ書けば誰でも出版ができる。元手はいらない。リスクはない。ただ、上手くすれば儲かる、なんて楽観するのは、残念ながら軽はずみだろう。

素人作家に、それができるように、実はプロの人気作家にだって同じことができるのである。そこに気づいている人は案外少ないのではないか。プロならばわざわざそんなことはしないだろう、と想像しているかもしれない。しかし、もし「儲かる」可能性があるなら、しないはずはない。しかも、儲かる可能性はプロの方がずっと高い。

プロの場合、そもそも既存のファンが存在する。ブログを読んでいる人もいれば、ツイッタのフォロアもいる。宣伝をする必要もない。いつも書いているのと同じように書いて、それを電子書籍で出版する。簡単である。値段は自由に決められるし、印税率も普通よりも高い。Amazonなどのプラットフォームを使わない方法だってある。そうすれば、さらに印税率を上げることができる。極端な話、自分のサイトで配信すれば、印税率は100％だ。データのセキュリティ（つまりコピィプロテクト）さえしっかりとできれば大きな障害はない。

そういう世の中に、既になっている。印税率が100%であれば、読者が10分の1でも同じ収入になる。おそらく、今後この業界は、今の10分の1くらいの対象が平均的なユーザになるのではないか。そこまで落ち込まないかもしれないが、むしろそのスペシャリティ感こそが魅力になる、という意味だ。別の表現をすれば、「囲《かこ》い」の文化ともいえる。

出版社としては、そういったものまで取り込んでいく必要がある。小説は、「作者」というブランドを持っているが、そこに「出版社」も一部加わるように上手にイメージ作りをしていくことが必要だろう。「この出版社の名前が入っているなら」と読者に思わせるようになれば成功である。出版社名である必要はない。「賞」でも良いし、「シリーズ」でも良いし、それこそ「○○文庫」といったレーベルでも良い。そもそも今沢山ある「新書」も「文庫」も、スタートはそういうブランドの名称だった。

作家のプロモートは誰がするのか？

それから、出版社にこれから必要な業務とは、出した本の宣伝を、もう少し長いスパンで行うことだと感じている。今の出版社は、ただ本を作る。発行時に宣伝をする。そこまででお終い。そのあとは、もう商品を見ていない。作品だけでなく、作家についてももう少しマネージメントをして、長い目でプロモートしていく業務がこれからは必要になると思われる。作家とそういう契約をする、というスタイルもあるのではないか。

これはつまり、名作と呼ばれる古い作品でフェアを企画するような営業も含まれる。今あるコンテンツを最大限に利用する。それと同時に、未来のコンテンツについても、なんらかの働きかけが必要だと思われる。そういう仕事は、今は作家が個人的に（ぼんやりと無自覚で）しているだけで、実質誰も担当していない。やはりビジネスとしてもったいないように感じることが多い。これは以前から何度か書いていることだが、出版社も、最近少しずつその動きを見せるようになった。どんなふうに展開するのか楽しみにしているところである（僕自身にはあまり関係がないが）。

さて、ここまでは、出版社側からの視点で書いてみた。では、小説家側からの視点ではどうなるのか。

作家は、これからどうなる?

実は、今までとあまり変わらない。作品を書いたあと、それをどんなメディアで発表していくのか、どうやって集金するのか、という部分が変化するだけだ。その変化は、多様になり、便利になる方向であるから、けっしてマイナスではない。ただし、ここではコンテンツの変容については書かない。それは、個人でそれぞれ考えるしかない問題だ。新しい時代には新しいコンテンツが当然フィットするだろう。でも、小説は古い時代のものだって書けるのだから、さほど変化はない、ともいえる。

出版社に売り込んで本にしてもらうのか、それともまずネットで名を成して、ある程度のファンを作ってから出版社へ売り込むのか、メディアが多様になった分、いろいろな作戦が考えられる。だが、とにかくは作品をまず書くこと、しかも何作も量産することが先決というか大前提である。弾が多ければ、いろいろな作戦が同時に実行できるわけで、沢山打つほど手応えも把握しやすいので、その後の計画に反映させることができる。1作、2作では、ビジネス以前といえる。メディアが多様化する時代ほど、多作であることが有利（というよりも必要条件）になるだろう。これは、1作が稼ぐ金額が小さくなっていることの対策にもなる。

反響の「数」を見ること

小説家志望の人が一番陥りやすいトラップは、1作を書いたあと、その反響を待って時間を無駄にしてしまうことである。投稿したら、その返事があるまで待つ、なんて悠長なことは絶対にしないように。ネットで公開しても、反響など待っている必要はない。それよりも次の作品にすぐに取りかかるべきである。それが既発表作への最良の援護射撃にもなる。

公開すると、多少の反響はあるだろう。それを気にしてはいけない。マイナスの反響で落ち込まないことは当然だが、プラスの反響で有頂天になるのはもっと良くない。数人に褒められてもしかたがない。良い気持ちになっても、さっと忘れること。この切り換えができないとプロにはなれないと思った方が良い。大事なことは、個々の反響ではなく、反響の「数」なのである。

無料配信か、有料配信か?

ネット公開するとき、料金を取るのか、あるいは無料にするのか、という選択がある。小説を書くことが好きだ、という人の多くは、とにかく誰でも良いから少しでも沢山の人に読んでもらいたい、と望んでいる。だから、無料で作品を配布する。これは、宣伝効果はあるかもしれない。無料だととりあえず手に取る人は多い。だが、それを読むか読まないかは別問題だ。無料ならばとりあえずダウンロードしよう、となるのも人情である。

これが100円でも値がつくと、そうはいかない。配信数は激減するはずである。金を出すのなら自分の好きなものにする、と考える。得体の知れないものには少額だって出さない。これが普通だ。

この差をどう考えるのか、ということになるだろう。人それぞれだと思う。よく考えて判断した方が良い。もちろん、途中で変更するのも自由だが、変更すれば、どういう理由で変更したのか、と周りが疑問を持つだろう。

僕は、無料で配布するのには大きな抵抗を感じている。作品の執筆には自分の時間を使ったのだし、「奉仕」のつもりもない。奉仕ならば、小説など書いている場合ではない。もっとやれることがあるだろう。奉仕で無料とするというのは、かなり思い上がった精神だと僕は感じる。

10円でも100円でも良い、価格を設定する。それは、なんらかのものを交換するという意味だ。すると、金を払っても良い、つまり本当に「読みたい」「読んでみたい」「興味がある」という人が手を出す。逆に言えば、読み手にそう思わせられない作品、興味を持たれない作品が、価格ゼロなのだ。たとえば、タイトルだけでも、あらすじだけでも、なんらかのアピールをして、ちょっと目を留めさせるくらいの魅力を持っていなくてはいけない。それを生み出すことが、創作者の基本中の基本なのである。

極端な話をすれば、手に取ってもらいたい、読んでもらいたい、ではなく、手に取りたい、読みたいという人に応える仕事なのだ。これは、思い上がりと受け取られるかもしれないが、仕事の需要と供給の大原則である。最初からボランティアでは、仕事にはならないし、一流にもなれないだろう。

創作は情報ではない

インターネットには、「情報は無料だ」という価値観がある。この「無料」のポリシィが、このメディアをここまで急速に広めた。ほとんどのコンテンツは現在も無料であり、逆に課金されるものは、なかなか上手くいかない。

こんな世界に長く浸かっていると、作品も無料と考えてしまうのが自然かもしれない。なにかを発見して、それを発表したとき、そのニュースの文章や写真は著作になるけれど、発見した事実は情報なので、その人が独占する権利はない。他の人が、そこへ見にいき、確かめて、写真を撮って、それについて報じることは自由なのだ。最初に見つけた人へのロイアリティは不要である。

しかし、創作物はこのような情報ではない。人間の感性が生み出した芸術である。その作り手を援助するために著作権がある。これが法的に保護される。今後もこれは変わらないし、保護期間はおそらく長くなる方向だろう。

ネットで他者の著作を無断引用しているウェブサイトは多数ある。これは犯罪だし、それを手にするのも違法である。たしかに、「無料」感覚が広まっているけれど、だからこそ保護しなければならないのが著作権なのである。たとえば、人が持っているものを無断で奪ってはいけない。人の所有権を保護しないと、力の強いものが有利になり、争いが絶えないことにもなる。それと同じことなのだ。

もちろん、注目を集めるため、ファンを集めるため、最初は「無料配布」などのサービスが必要かもしれない。しかし、それはあくまでも期間限定のサービスと認識しておく方が良いだろう。そのサービス期間で、意外に簡単にファンが集まったなどと喜んでいるようでは危ない。当然ながら、どこかで切り換えなくてはいけなくなる。自分の力を測り、また、その力をさらに磨いていくことが大切である。

手近なゴールではなく遠くを見よう

新人賞、小説賞などの中には、多額の賞金が設定されているものもある。受賞をすれば、当然、本も出版されることになり、印税も入る。その1作で何千万円も転がり込んでくる。多くの場合、その金額を夢見て、どきどきしながら発表を待っているようだが、その時間を次作、次々作に費やすべきだ。投稿してから発表があるまでに、2作くらい書けないようでは、デビューしてもさきが思いやられる。

さて、偉そうなこと、身も蓋もないこと、ただ思っているだけのこと、などをつらつらと書いてきた。『小説家という職業』を読んだ人には、重複する部分も多々あったかと思う。あれは、5年まえの執筆だが、電子書籍が予想どおり台頭したことを除けば、小説家が置かれている環境はさほど変わっていない。ただ、これから小説家になろうという人たちには、これまでとはだいぶ違ってくるよ、ということを今ではますます強く感じるし、それを今回書きたかった。

また、『小説家という職業』では、出版社や編集者のちょっと困った風習についても書いた。この部分がずいぶん話題になって、出版業界の人たちが多く読んだみたいだった。そのおかげなのか、多少は意識をして、改善されつつあるという話も耳にしている。だとしたら、書いた甲斐があったということになる。

そして、その本でも強調したとおり、小説家という仕事は、有望とはいわないまでも、意外に将来性のある職種なのだ。これは、ひとえに人件費がかからないから不況に強いということ、資本がいらず設備もいらないこと、そして、比較的短時間で出荷できること、などの好条件による。でも、その好条件故に、志望者も多数になる。

はっきり言って、誰にでも書けるものだ。日本人なら、小学校の高学年にもなれば、もう書ける人が多いだろう。きっとそのうち、小学生作家が登場するはずである（もしかして、もうデビューしている？　僕が知らないだけかな）。

それでも、続けて何作も書ける人は、そのうちの10人に1人だろう。デビューをしても10年書き続けられる人はさらに少ない。20年となると、デビューできた人のうち9割以上が消えている。生き残ることは、それなりに厳しい。

スランプに陥らないためには？

「書けなくなる」ということがあるらしい。僕は、その心配をしたことがないし、スランプというものを経験したこともない。どうしてかといえば、僕は小説の執筆が好きではない。いつも仕事だからしかたなく嫌々書いている。小説を読む趣味もない。この仕事がさほど好きではないし、人に自慢できる価値があるとも認識していない。スランプにならないのは、このためだと思われる。

「好きだから」という理由で書いている人は、好きでなくなったときにスランプになる。「自慢できる」仕事だと思っている人は、批判を受けるとやる気がなくなる。つまり、そういった感情的な動機だけに支えられていると、感情によって書けなくなることがある、ということのようだ。

それに比べれば、仕事で書いているかぎり、スランプはない。書けば書いただけ稼ぐことができる。人の心は人を裏切るが、金は裏切らない、ということか。守銭奴のような物言いになるけれど、これは正直なところである。仕事という行為は、例外なく守銭奴になることだ。

そもそも、この本のような内容は、正直でなければ書けないだろう。綺麗事が嫌いなせいで、結果的に嫌われるキャラになってしまうのであるが、それもまた、仕事というものの本質だ、と僕は理解している。

そういう意味では、小説家以外の職業、あらゆる職業でも、まったく同じことがいえるだろう。近頃は、仕事に「やり甲斐」を求めたり、「憧れの職業」などといった幻想を持ったりする若者が多い。それは、そういったイメージを植え付けようとする勢力があるからだが、実社会にそんなものは存在しない。幻想なのである。

小説家は幻想的職業

小説家だって、多くの志望者が遠くからぼんやりと見ているもの、自分の未来に対して思い描いているものは、確実に「幻想」である。そういった「幻想的職業」の最たるものの一つといっても良い。

自分の好きなことが仕事にできる、というのはたしかに幸運ではあるけれど、そこには、必ず違った側面がある。だんだん、その違った部分が大きくなるだろう。そのときに、職業としての立場を支えるものは、「その仕事が好きだ」だけではなく、むしろ、「好きなことができる」自由であり、そのために必要な環境なのである。その自由と環境は、仕事をして得た報酬によって実現されるものだ。

本書では、その具体的な一例を示した。他意はない。どうか、自分の人生設計に有意義にこのデータを使っていただきたい。

あとがき

少なくとも、浮き沈みのない作家だった

デビューして今年（２０１５年）の４月で19年になる。その間に国内で印刷出版した本は、２７８冊、総部数は約１４００万部、これらの本が稼いだ総額は約15億円になる。1冊当り約５万部が売れ、約５４０万円を稼いだ計算になる。

あのときがピークだったというほど売れていた期間もないし、どの本がもの凄く当ったということもない。第1章の印税収入の推移で示したとおり、ほとんどコンスタントに利益を挙げていた。引退して仕事を減らしたところ、収入も半減した。つまり、仕事量に比例しているということである。

ときどき、映画になったりTVドラマになったりして、臨時収入的なものがあるけれど、トータルしてしまうと変動は僅かであって、これは、ある意味不思議な現象といえ

る。つまり、そういうときは気が緩み、その収入を見越してあまり仕事を入れないように自己調整しているのかもしれない。

もっと大きく稼ごうと考えたことはないし、もちろん、もっと有名になりたいなどと願ったことも一度もない。自分としては、意外にも上手く事が運んだという感慨はあるけれど、そうかといって、もの凄く予想外とか、まったく意図しなかったということでもない。「まあまあ良い線だった」という範囲なのではないか。

歳を取ってもできるみたいだ

これまでに書いた小説は90作くらいになるらしい（長編だけで数えた数字）。引退をしたけれど、今も書き続けている。今年（２０１５年）の10月から、新シリーズも始まって、これだけでも少なくとも10作くらいは構想しているから、１００冊を超えることはまちがいない（それまで生きていれば、だが）。

僕は１９５７年生まれなので、今年の12月（この本が出る1カ月後）に58歳になる。その1カ月後の1月には、還暦（数え年で60歳）だ。もう押しも押されもせぬ年寄りで、昔なら完全に引退しているところだろう。でも、作家というのは、何故か高齢になっても本を出す。80代とか90代の人の本が出ているし、どうやらいつまでも現役でいられる職業らしい。そういうことも、デビューする以前の僕はよく知らなかった。執筆という仕事が、体力をあまり必要としないから、いつまでも続けられるのだろう。

引退した当時（7年ほどまえ）には、たしかにこの仕事に対して今よりももう少し消極的だった。しかし、遠くへ引越して、人に会わない隠遁生活（他称）に入ったこともあって、生き方にも余裕のようなものができてきた。田舎でのんびり暮らしている。毎日の大半の時間を好きなことに費やしている。そういう生活をしていると、やはり社会に感謝する気持ちを抱く。それが、「できることを少しずつでもして、社会との関わりを多少なりとも維持していこうかな」といった感じにさせたのかもしれない。

今までよりももっと自由に

そうはいっても、消化試合のような姿勢では全然ない。それはまったく逆である。もうそれほど注目される必要もなくなったのだから、自分が新しいと思うことにチャレンジしていく機会だと捉えている。デビュー以来、すべての仕事を通して、僕が最も意識していることは「新しさ」である。新しさを生み出すこと、新しさを見せること、それが創作者の使命である。「使命」というと格好が良いが、もう少しわかりやすく表現すれば、「意地」だ。それが、それだけが、プライドを支えるもの、アイデンティティなのである。

これからこの業界へ飛び込もうとしている人だけでなく、もっと違うジャンルでも良い、もしかしたら、創作に限らずあらゆるビジネスに通用するかもしれない。つまり、「新しさ」をいつも自分の頭から絞り出すこと、それが、人が生きていくうえでも非常に重要な目標だ、と僕は信じている。

そして、「新しさ」はほとんどの場合、周囲から理解されない。新しさにも、受け入れられるものと、受け入れられないものがあるはずだ、と思う人も多いだろう。しかし、受け入れられるような新しさは、もうあまり残っていないのだ。世の中には、頭の良い人間がいくらでもいて、たいてい、そういった万人が認める新しさは、たちまち消費されて、既に新しくなくなっている。ということは、残りものの「新しさ」は、一見つまらないものなのだ。可能性を見つけて、いかにそれを加工するか、そこに頭を使わなければならない。自分なりの納得できる理屈が必要だし、自分なりの工夫が不可欠でもある。その理屈も工夫も、新しいことが望ましい。

自分が良いと思えば、その新しさで作品を作る。案の定、みんなが批判するだろうけれど、そんなことを気にしてはいけない。自分の理屈を信じて突き進めば、そのうちに賛同者がぽつぽつと現れ、いずれ本物の「新しさ」として認められることにもなるだろう。

大勢を相手にするビジネスだから、認めてもらわなければ成り立たない。そこへ、認められなくても良いものをぶつけていけ、という矛盾した話である。どんなジャンルでもそうだが、結局、なんらかの自己矛盾を持っていることが成功の条件でもある。コンピュータのように完璧な理屈に基づいた計算で弾き出されるようなものではないし、それこそが人間に求められる「才能」という表現の意味なのだ。

したがって、小説家になるためにはこれこれこうしなさい、といった既存の「ノウハウ」に惑わされてはいけない。とにかく自分の作品を書けば良い。「手法」はどうでも良い。「どう書くか」ではなく、「書くか」なのである。

自分の勘を信じること。

自由であり続けること。

その場かぎりでも良いから、自分が考えた理屈に縋《すが》って、「正しさ」そして「美しさ」を目指して進むこと。

あとは、
とにかく「勤勉」を自分に課すこと。

これくらいしか、僕にアドバイスできることはない。

最適の健闘を！

著者略歴

森 博嗣《もりひろし》

一九五七年、愛知県生まれ。

小説家、工学博士。

国立N大学工学部建築学科で研究をする傍ら九六年に

『すべてがFになる』で第一回メフィスト賞を受賞し、作家デビュー。

以後、次々と作品を発表し、人気作家として不動の地位を築く。

新書判エッセィに『自分探しと楽しさについて』

『小説家という職業』『創るセンス　工作の思考』

『自由をつくる　自在に生きる』(すべて集英社新書)、『大学の話をしましょうか』

『ミニチュア庭園鉄道』(ともに中公新書ラクレ)、

『科学的とはどういう意味か』『孤独の価値』(ともに幻冬舎新書)等がある。

幻冬舎新書 401

作家の収支

二〇一五年十一月三十日 第一刷発行

著者 森 博嗣
発行人 見城 徹
編集人 志儀保博

発行所 株式会社 幻冬舎
〒一五一-〇〇五一 東京都渋谷区千駄ヶ谷四-九-七
電話 〇三-五四一一-六二一一(編集)
〇三-五四一一-六二二二(営業)
振替 〇〇一二〇-八-七六七六四三

ブックデザイン 鈴木成一デザイン室
印刷・製本所 中央精版印刷株式会社

Printed in Japan ISBN978-4-344-98402-8 C0295
も-7-3

幻冬舎ホームページアドレス http://www.gentosha.co.jp/
*この本に関するご意見・ご感想をメールでお寄せいただく場合は、comment@gentosha.co.jp まで。

幻冬舎新書

森博嗣
科学的とはどういう意味か

科学的無知や思考停止ほど、危険なものはない。今、個人レベルで「身を守る力」としての科学的な知識や考え方とは何か――。元・N大学工学部助教授の理系人気作家による科学的思考法入門。

森博嗣
孤独の価値

人はなぜ孤独を怖れるか。寂しいからだと言うが、結局つながりを求めすぎ「絆の肥満」ではないのか。本当に寂しさは悪か。――もう寂しくない。孤独を無上の発見と歓びに変える画期的人生論。

森村誠一
60歳で小説家になる。

60〜70代での小説家デビューが急増中だ。社会人経験を武器に、60歳以降から小説家を目指す生き方を提案。自身もサラリーマン経験を持ち、多くのプロ作家を養成してきた著者が教える、理想のセカンドライフのための戦略とノウハウ。

近藤勝重
書くことが思いつかない人のための文章教室

ネタが浮かばないときの引き出し方から、共感を呼ぶ描写法、書く前の構成メモの作り方まで、すぐ使える文章のコツが満載。例題も豊富に収録、解きながら文章力が確実にアップする!